Wirtshaus-Geschichten

Aus dem Linzgau

ERICH SCHÜTZ

Wirtshaus-Geschichten

Aus dem Linzgau

Besuchen Sie uns im Internet:
www.gmeiner-verlag.de

© 2012 – Gmeiner-Verlag GmbH
Im Ehnried 5, 88605 Meßkirch
Telefon 07575/2095-0
info@gmeiner-verlag.de
Alle Rechte vorbehalten
1. Auflage 2012

Bildnachweise:
Seehalde: Thomas Gruler,
Seehof: Jürgen Wisckow und Kim Höhnle
Heinzler: Rolf Tammen
Recks: Heidi Hintereck
Alle anderen: Erich Schütz

Lektorat: Claudia Senghaas, Kirchardt
Herstellung: Matthias Schatz
Bild-Recherche: Martina Schütz
Umschlaggestaltung: Matthias Schatz
unter Verwendung eines Fotos von Erich Schütz
Druck: AZ Druck und Datentechnik GmbH, Kempten
Printed in Germany
ISBN 978-3-8392-1146-5

ENTRÉE Lasst die Kirche im Dorf und die Wirtschaften dazu! 6

IMMER DEM STERN NACH Wie der einst jüngste Sternekoch
Clemens Baader ausbüxte 8

SEBASTIANS ERBEN Von der Familie Gruler und ihrer
›Gourmet-Fee‹ 16

»LEIDER WAR KEIN BUB DABEI« Von den Brüdern Hallerbach
und ihrem Großvater Alois 24

VOM ›CAFÉ HEMDHOCH‹ ZUM STERNE-HOTEL Wie die Brüder
Heinzler ihr Erbe ehren und vermehren 34

VON DER TRÄNKE ZUM HOTEL-RESTAURANT Die Familie Hügle
lernte »hochdeutschlich vu de Gäscht« 42

KELLER-PILS Wie Gerhard Polt die Geschichte des Landgasthofs
Keller erriet 48

TERRASSE MIT PANORAMASICHT Der lange Weg von einer
Poststation zum Golf-Restaurant 54

VOM ORDENSMEISTER ZUM KÜCHENMEISTER Warum das
Johanniter heute ›Hotel Johanniter-Kreuz‹ heißt 62

TRADITION MIT CAP UND KINNBART Wie ein historisches Hotel
mit moderner Heavy-Metal-Music weiter lebt 72

»VESPER MÜSSEN SIE MITBRINGEN« Das Wengerter-Erbe
von Michael Off 82

DER HANDSCHLAG EINES WIRTS Rudi Öxle steht mit 75 Jahren
noch täglich in seiner Küche 88

LÖWEN CONTRA HIRSCHEN Über 400 Jahre brüllt der Löwen
in Altheim 96

SÜSSE VERFÜHRUNGEN ALLER ART Andreas Popp ist
Konditormeister, Kaffeehausbetreiber und Gastwirt 102

VON DER BAHNHOFSWIRTSCHAFT ZUM HOTEL-RESTAURANT
Wo einst Fahrpläne hingen, powern heute drei Damen als Wirtinnen .. 110

AUS DER KLOSTERKÜCHE Andreas Schieles Weg
vom Bauernbub und Zöllner zum Küchenchef 120

VÖGELE XI. Ein Linzgauer Landgasthof und seine 400-jährige
Familiengeschichte 128

LANDWIRT UND GASTWIRT
Im Mohren wird Hand in Hand gearbeitet wie vor Jahrhunderten .. 136

NACHSCHLAG Von ehrbaren und rechtschaffenen Handwerkern .. 144

LASST DIE KIRCHE IM DORF
UND DIE WIRTSCHAFTEN DAZU!

»Lass die Kirche im Dorf« galt als geflügelte Weisheit. Der Kirchturm war richtungsweisend für Christen, wie auch für die Dürstenden und Hungernden. Denn neben der Kirche standen das Rathaus und die Dorfwirtschaft. Wie anheimelnd und vertraut sind die Orte, in denen ganz traditionell die Wirtschaften und Landgasthöfe noch immer neben dem Kirchturm zur Einkehr locken. Schon allein deshalb hat die Kirche im Ortskern ihre Berechtigung, und erst recht das Wirtshaus!

Da fand der Fremde neben dem Kirchturm im Pfarrhaus gewiss den Herrn Pfarrer und daneben im Rathaus den Herrn Bürgermeister, aber daneben, im Dorfgasthaus, immer den Wirt. Er ist erster Ansprechpartner, Gastgeber, erster Freund in einem fremden Ort und oft auch noch väterlicher Ratgeber.

Wie eintönig, traurig und fad dagegen sehen die Orte aus, in denen heute Fast-Food-Ketten und System-Gastronomie mit Food-Manager Einzug halten. Ami-Kultur, für anständige Feinschmecker gleichmachende Barbarei.

Deshalb dürfen Wirte-Dynastien nicht sterben! Die unpersönlichen Restaurantketten haben zwar leuchtende Identifikationssymbole, aber keinen warmherzigen Wirt, keine Gastgeber-Persönlichkeit.

Der Geist des Allgemeinen zwingt leider nicht zur Umkehr. Jeder Einzelne muss sich darum seinen individuellen Weg selbst suchen. Da lohnt es sich für genießende Einkehrer, manchen Umweg zu fahren, um bei einem echten Wirt Gast sein zu dürfen.

Ein echter Gastwirt ist – ob Frau oder Mann – wer seine Gäste achtet. Sie freundlich empfängt. Ihnen einen Platz in seinem aufgeräumten und übersichtlichen Gastraum anbietet. Ein Gericht serviert, das in der Küche saisonal frisch zubereitet ist, ohne fremde Zusatzstoffe. Und der sich die Zeit nimmt auf ein Schwätzle über den Wein, das Essen oder auch das Wetter.

In diesen Lokalen finden sich Menschen, die den Wirt ebenso achten. Die gesellig die Zeit in seinem freundlichen Restaurant schätzen. Die schmackhafte Küche loben. Und gerne dem freundlichen Service ein Trinkgeld überlassen.

Solche Gasthäuser und Wirte findet der Leser in diesem Buch. Es erzählt von der Geschichte der Wirtshäuser und von den Geschichten der Wirte-Familien. Mancher Leser wird während des Lesens aufbrechen und das Gasthaus oder den Gastwirt sofort besuchen wollen. – Sie sind alle leicht zu finden: Die Dörfer liegen alle im Linzgau. Der Ort steht bei den Geschichten. Die Wirtschaften stehen meist seit Jahrzehnten direkt neben dem Rathaus und der Kirche.

Der Appell ist eindeutig: Lasst die Gastwirte im Dorf!

IMMER DEM STERN NACH

BERGHOTEL BAADER, HEILIGENBERG
Emma und Clemens Baader

Der Olymp der Köche ist ihre höchste Auszeichnung, verliehen von den unbestechlichen Gastrokritikern des Michelin: Wo ihr Stern leuchtet, wird auf höchstem Niveau gekocht. Ein Stern heißt Champions-League!

Doch daran denkt Klein-Clemens in Heiligenberg noch nicht. Er soll Pfarrer werden und wird tatsächlich später Missionar. Allerdings ein ganz anderer, ein Gesandter einer irdischen Glaubensrichtung: Clemens Baader wird zum Missionar des guten Geschmacks und dabei zum jüngsten Sternekoch der Republik.

Clemens Baader gehört als Koch zu den Jüngern der französischen Küchenmeister in der Tradition ihres Großmeisters Auguste Escoffier. ›Nouvelle Cuisine‹ heißt Anfang der 1980er-Jahre in Deutschland übersetzt für viele: wenig auf dem Teller – für viel Geld. Gegen dieses Vorurteil kämpft Clemens Baader bis heute und predigt den absoluten Frischegenuss.

Seit 1989 steht sein Altar in Heiligenberg. In diesem Jahr übernimmt er mit seiner Frau Emma das Berg-Restaurant. Damit ist Clemens Baader in die Fußstapfen seines Vaters Wilfried getreten. Im Rückblick sieht man die Parallelen deutlich.

Wilfried Baader ist ein Vorreiter der gehobenen Schweizer Küche in Deutschland. Er übernimmt, wie später Clemens, in den 60er-Jahren das Hotel in Heiligenberg von seinen Eltern und führt es in die Spitzengastronomie am Bodensee. Züricher Geschnetzeltes oder Schweinelendchen mit selbstgemachten Kroketten und einer damals legendären Champignonrahmsauce, Toast Hawaii, Dauphin-Kartoffeln und immer frisches Gemüse – das sind die Gerichte, die Wilfried Baader aus den mondänen Schweizer Ferienhotels mitbringt. Dort hat Vater Wilfried Baader kochen für internationale Feinschmecker auf höchstem Niveau gelernt.

Fürst zu Fürstenberg, genauer gesagt Joachim Egon Fürst zu Fürstenberg, und der damalige Erbprinz Heinrich, verheiratet mit Maximiliane, geb. Prinzessin zu Windisch-Graetz, outen sich schnell als Feinschmecker und Freunde der Baader'schen Küche.

Das Haus Fürstenberg ist auch für Großvater Karl Baader 1924 der Grund, warum die Baaders aus Frickingen hinauf auf den Berg ziehen.

Heiligenberg gilt als ›Klein Baden-Baden‹. Der internationale Adel flaniert im Höhenluftkurort zwischen Haus Hohenstein, Hotel Post und dem Schlosshof. Hier will Karl Baader seine Brötchen verdienen. Am Ortseingang, wo heute das Restaurant steht, eröffnet er eine Bäckerei.

Heute führt der Onkel von Clemens Baader die Bäckerei in direkter Nachbarschaft. Clemens will lieber, wie sein Vater, Koch werden, auf gar keinen Fall Pfarrer. Dafür büxt der Kerl tatsächlich aus dem Internat der Zisterzienserabtei Mehrerau bei Bregenz aus und geht im damals berühmten Parkhotel in Triberg in die Lehre. Später kocht Baader bei Berthold Siber im Konstanzer Stephanskeller und wie sein Vater im Nobelhotel Waldhaus in Sils Maria.

Noch keine 25 Jahre sieht er mit der Küchenbrigade des Weißen Rössle in Hinterzarten und Küchenchef Charly Doll das erste Mal den Stern des Michelin strahlend und hell über sich aufgehen. Die Brigade ist mit der höchsten Ehre ausgezeichnet, das ist ein sensationelles Erlebnis für den Jungkoch Baader und zugleich Ansporn und Antrieb, jetzt will er es selbst wissen.

Die Missionare des guten Geschmacks sammeln sich zum Angriff auf die Kohl-Republik. Wolfram Siebeck ist in dieser Zeit der unbarmherzige Gastrokritiker in der Wochenzeitung ›Die Zeit‹. Im Fernsehen predigen die ersten tv-Köche »Essen wie Gott in Deutschland«. Die Revolutionäre sitzen dieses Mal vor allem in den sogenannten besseren Kreisen. Auch der junge Erbprinz Heinrich zu Fürstenberg schärft das Messer und spitzt mit seiner Frau die Gabel. Er will die Haute Cuisine in seinem Fürstentum aufblühen sehen und denkt dabei an seine alten, schmackhaften Beziehungen zur Familie Baader in Heiligenberg.

Junior Baader lässt gerade aufhorchen, er gewinnt seine ersten Meriten selbst, sahnt in verschiedenen nationalen und internationalen Kochwettbewerben die ersten Preise ab, da erreicht ihn des Fürsten Ruf. Im Schlosspark in Donaueschingen, im ehemaligen Badehaus, da soll der junge Clemens Baader dem Fürsten sein Können beweisen. Und das tut er. Nach nur zwei Jahren Küchenleitung ist er im zarten Alter von 27 Jahren der jüngste Sternekoch der Republik. So jung und schon im Olymp der Kochgrößen, das gab es noch nie!

Baader ist eine Ausnahmeerscheinung in der Köche-Szene, ein Talent, jetzt schlagen sich die Medien um den jungen Mann. Doch Baader winkt ab, er geht zu Thomas Gottschalk in die damalige Kult-Sendung ›Na so was!‹ und erklärt badisch-bescheiden: »Ich will nur kochen.«

Und genau das macht Clemens Baader weiter. Zunächst in Donaueschingen, ab 1989 in Heiligenberg. Für die Gastrokritiker muss er sich in der Küche seines Vaters erneut beweisen, doch das schafft Clemens Baader leicht. Im zweiten Jahr schon leuchtet erneut ein Stern über ihm. Die Gourmets aus ganz Deutschland pilgern jetzt in das Bergrestaurant nach Heiligenberg. Auf der Speisekarte stehen Trüffelsuppe, Spargel Vinaigrette, Pot au Feu oder Loupe de mer und Créme Caramel.

Die Beziehungen zum Schloss bleiben bestehen. Baader zaubert selbst in der 500 Jahre alten Schlossküche feinste Genüsse der französischen Haute Cuisine. Auf Holzrosten stehen er und seine Brigade auf den alten Steinplatten und brutzeln am offenen Feuer. »Im Sommer viel zu heiß, bei Ostwind drückt der Rauch durch den Kamin«, erinnert sich Clemens Baader an die Zeit in der Küche unter dem berühmtesten Rittersaal Süddeutschlands.

Baader serviert den Herrschaften Galamenüs und pompöse Buffets. Mindestens einmal im Jahr kommt die Hautevolee: die Fürstenkinder von Monaco oder Gunther Sachs. Zum Rehruf versammelt sich der europäische Adel, und Baader kocht. Er serviert im 500 Jahre alten Renaissance Rittersaal, danach dürfen er und seine Küchenbrigade abtreten. »Die Herrschaften bedürfen ihrer ungestörten Ruhe!«

Clemens Baader ist auf dem Höhepunkt seines nationalen Wirkens. Er wird mit Lafer & Co in einem Atemzug genannt. Doch sein Restaurant steht nicht in München, sondern im Linzgau, einer ländlichen Gegend mit bescheidenen Bewohnern.

Die Einwohner sind stolz auf den Sternekoch aus ihren eigenen Reihen. »Aber die Menschen haben Schwellenangst«, konstatiert Baader, dazu kommen die Einsparungen der großen Firmen, die Zeit der Spesenritter ist vorbei. In vielen Unternehmen werden Besuche in Sternerestaurants mit einem Federstrich storniert.

Das trifft viele vom Michelin ausgezeichnete Köche. Die Umsätze der Sternegastronomie schwinden. Edle Gourmethappen kosten ihr Geld. Hummer ist teurer als Felchen, und die Arbeitszeit für Farce und Mousse muss einkalkuliert sein. Clemens Baader ist leidenschaftlicher Koch, aber auch Wirt seines kleinen Hotels und somit verantwortungsvoller Kleinunternehmer. Sterneköche in großen Hotelkonzernen dürfen anders kalkulieren.

Baader schildert der Michelin-Redaktion sein Dilemma. Er bittet, in Zukunft auf die freundliche Auszeichnung zu verzichten. »In Schönheit sterben will ich nicht«, zieht er einen Schlussstrich unter seine sensationelle Sterne-Karriere und setzt lieber weiter auf seine Kreativität. Denn der Mann weiß auch aus Felchen eine kunstvolle Farce oder eine raffinierte Mousse zu zubereiten.

Clemens Baader bietet heute eine unnachahmliche Bandbreite zwischen Linzgau- und Gourmetküche. Seine Leidenschaft ist und bleibt das Kochen. Er bietet regionale Küche auf höchstem Niveau, und sagt be-

Clemens Baader vor dem Schloss Heiligenberg. In der historischen Küche des über 500 Jahre alten Bauwerkes des Fürst zu Fürstenberg kocht Baader heute noch traditionell, wie einst die echten Schlossköche.

scheiden, wie einst bei Thomas Gottschalk: »Ich will nur kochen.« – Und er sagt der Sternekarriere Adieu.

BERUFSRISIKO

Köchen, rank und schlank, traut der meist selbst gern zum Übergewicht neigende Feinschmecker nicht. Warum soll es dem Mann oder der Frau anders gehen als ihm oder ihr? Wer das Leben liebt, täglich von guten Speisen umgeben ist, der lässt sich auch gern verführen und greift zu. Der Body-Mass-Index ist keine Größe eines Rezeptbuchs. Bis Clemens Baader als Gourmetkoch sich diesem Problem stellen muss.

Clemens Baader ist nicht umsonst ein ganz besonderer Gourmetkoch. Der Mann ist auch ein Schleckermaul. Gutes Essen, ein guter Wein – das ist für ihn Lebensfreude pur. Doch wie vielen Zeitgenossen geht es auch ihm. Plötzlich stoppt der ärztliche Rat den Genuss. Zuckerwerte, Kreislauf, Herz-Rhythmus. Ein Arzt zeigt ihm die medizinisch Gelbe Karte.

Clemens Baader ist außer Koch auch ein verantwortungsvoller Familienvater. Er hat vier Töchter. Er fragt sich, warum Gourmetküche und gesundes Leben nicht zusammenpassen sollen? Und findet heraus, dass es passt. Seine Gäste staunen.

Für die ›schlanke Küche von bodycur‹ entwickelt Clemens Baader zunächst 30 Rezepte. In einem Kochbuch fasst er sie zusammen: Bodensee Gazpacho, Schnee-Eier auf Joghurtcreme mit Himbeeren, Asia-Hühnchen mit Broccoli-Flan, Gemüsecarpaccio mit mariniertem Truthahn und Grapefruit …

Mit Wissen und Raffinesse hat Baader geschafft, auch ohne die Verwendung von fetter Butter oder schwerem Olivenöl eine schmackhafte Küche zu kreieren. Beim Asia-Hühnchen werden die Zwiebel statt in Öl und Butter mit Knoblauch und Weißwein angedünstet. Für die Sauce nimmt er fettarme Milch, Zitronensaft, Salz, Pfeffer und Sambal Oelek.

Ideal für seine bodycur-Küche sind Wokgerichte, kurz angebratene Fleisch- und Fischstücke mit Gemüse. Gerichte, die schon allein dank der frischen Grundprodukte schmecken.

Clemens Baader verzichtet auf schwere Rotweine, trinkt dafür ein Glas zehrenden Weißwein. »Aber keine zwei«, lacht er, denn Alkohol hat unanständig viele Kalorien.

Auf diesem Weg verliert der Gourmetkoch auf dem Heiligenberg tatsächlich in wenigen Monaten 30 Kilo. Das überzeugt!

Clemens Baader holt seine alten Kochjacken wieder aus dem Schrank, selbst in seinen Hochzeitsanzug passt er wieder. Sein Restaurant ist über Nacht eine Pilgerstätte für figurbewusste Gourmets.

Cordon bleu? Für das ideenreiche Mitglied der Jeunes Restaurateurs kein Problem: Mageres Fleisch und Schinken sind erlaubt, der Käse wird durch Magerquark ersetzt, paniert wird mit Eiweiß und Knäckebrot-Raspeln, gebraten nicht mit Öl in der Pfanne, sondern auf Bratpapier im Backofen. Nach wenigen Minuten ist das ›bodycur Cordon bleu‹ fertig und mit einem knackigen Salat servierbereit – ein leckeres Gericht, das dem Gast kulinarischen Genuss verspricht und keinerlei Assoziationen zu Magerkost, Verzicht, Diät etc. aufkommen lässt.

Clemens Baader beweist, dass Gourmetküche und schlanke Linie kein Widerspruch sind. Seine Kreativität schafft Rezepte, nach denen viele Menschen ihr Idealgewicht mit Genuss wieder finden.

»Das war eine interessante Zeit und auch eine persönlich verblüffende Erfahrung«, zieht Baader heute Bilanz. Viele seiner neuen Anhänger kochen heute nach seinem Rezeptbuch.

Aber: Aber Clemens Baader ist in erster Linie leidenschaftlicher Koch und Küchenchef. Er führt ein Restaurant für Feinschmecker. Er serviert immer auch schmackhafte, regionale Spezialitäten. Dabei will er jedes Gericht bewerten und abschmecken. Das ist seine professionelle Einstellung.

Und: Das Schwierigste für einen Feinschmecker wie Clemens Baader ist das eine Glas Weißwein. Ein Glas! Wo in seinem Keller doch Hunderte bester Tropfen lagern. Und Clemens Baader ist nicht nur Küchenchef und Patron. Er ist auch Freund seiner Gäste und dazu ein geselliger Wirt. »Das ist halt Lebensfreude pur«, lacht er, »nach Feierabend ein herzhafter Wurstsalat und ein Seewein.«

Auch das gibt es im Gourmetrestaurant Berghotel Baader. Und deshalb herrscht in dem Bergrestaurant eine lässige Atmosphäre.

Ach ja. Warum soll es dem bodycur-Rezept-Erfinder anders gehen als allen anderen? Ein paar Kilo hat er schon wieder zugenommen …

CLEMENS BAADER

ist der Patron der Linzgau-Köche. Er hat schon in jungen Jahren eine Feinschmecker-Revolution angeführt, als die meisten seiner heutigen Kollegen noch bei Mutter in der Küche spielten. Manche von ihnen waren bei ihm in der Lehre. Doch der Mann ist nicht nur ein schwergewichtiger Koch, sondern steht auch jederzeit mit Rat und Tat seinen jungen Kollegen zur Seite.

Emma Baader schlürfte sich mit Leidenschaft zur anerkannten Sommelière. Ihr Weinkeller bietet überraschende Genüsse. Sie trägt mit Fug und Recht den Titel Patronin. Wo gibt es schon ein so hoch dekoriertes Feinschmeckerlokal unter solch einer familiären und legeren Führung.

Emma Baader begrüßt die Stammgäste wie Freunde. Hier wird gelacht und geschäkert und doch auf höchstem Niveau geschlemmt – auch ohne Stern.

Wer das Berg-Restaurant betritt fühlt Sonntagstimmung. Ein bisschen 70er-Jahre-Chic mit klassischem Sonntagsmenü.

KONTAKT /// BERGHOTEL BAADER /// EMMA UND CLEMENS BAADER /// SALEMER STRASSE 5 /// D-88633 HEILIGENBERG /// WWW.HOTEL-BAADER.DE ///

SEBASTIANS ERBEN

HOTEL SEEHALDE, MAURACH
Markus und Thomas Gruler

Bernhard Gruler, der Seniorchef der renommierten Seehalde in Maurach, kommt mit einem großen, gebundenen Buch zu seinen Gästen. Der Schmöker ist eingehüllt in eine Kassette aus grünem Karton. Vorsichtig hebt er den schon etwas vergilbten Band heraus. Fast feierlich liest er die ersten Passagen vor. Die Zuhörer glauben, einem Märchen zu lauschen. Doch Bernhard Gruler versichert: »Das ist die Hauschronik, so war's wirklich!«

Die epochale Chronik der Familie Gruler und ihrer Seehalde könnte auch mit dem berühmten Satz beginnen: Es war einmal.

Es war einmal Sebastian Gruler. Der Knabe ist gerade 14 Jahre alt, da verliert er seine Eltern. Seine Geschwister sind ausgewandert, er muss noch zur Schule. »Ach, was soll ich hier ganz allein«, fragt sich der Junge, pfeift auf den Unterricht, schnürt sein Ränzlein und macht sich auf den Weg.

Einsam und verloren wandert er aus dem kleinen Ort Aixheim im Schwabenland Richtung Süden. Eine unbestimmte Ahnung weist ihm den Weg zum Bodensee. Vielleicht hat er von Erwachsenen von diesem paradiesischen Flecken Land am Schwäbischen Meer gehört. Doch was soll dem armen Waisenkind schon Gutes widerfahren? Das Land der unbegrenzten Möglichkeiten scheint fern, irgendwo auf der anderen Seite des Atlantiks, wo seine Geschwister ihr Glück suchen, in Amerika. Doch eine Schiffsreise kann sich der kleine Sebastian nicht leisten. Also schreitet er auf Schusters Rappen vor sich hin.

Man schreibt das Jahr 1857, als Sebastian Gruler auf dem Widmerhof bei Deisendorf oberhalb von Überlingen ankommt. Er hat 10 Groschen in seiner Tasche. Für Kost und Logis reichen die nicht. Dafür nimmt ihn der Bauer als Rossbub auf. Zwei Jahre dient er als Knecht auf dem Hof. »Sebastian Gruler, das ist mein Urgroßvater«, hält Bernhard Gruler in seiner Erzählung inne. Dann schaut er aus dem Fenster zu der Hafenmole vor seinem Hotel und deutet auf die alten Kaimauern im See. »So wie die Touristen heute, so hat wohl auch damals das Seeufer Sebastian Gruler nach Maurach gelockt.«

irgendwie behelligt zu werden. Eine sehr beachtenswerte Leistung, besonders wenn man bedenkt, dass ausser dem stattlichen Neubau eine erhebliche Erweiterung der Küche, der Einbau einer modernen Kühleinrichtung, einer Zentralheizung, die Errichtung einer Klär- anlage, die Installation neuer elektrischer Licht- und Kraftorgane und so manche Nebenarbeiten nötig waren, die man im fertigen Haus kaum bemerkt, die aber unendlich viel Mühe und Sorgfalt erforder- ten.

Die Hauschronik der Familie Gruler. Eine wahre, bebilderte Geschichte von der Ent-
stehung der Seehalde, wenn sie auch gestaltet ist und klingen mag wie ein Märchen.
»So war's wirklich!«

Zu jener Zeit fahren viele Frachtschiffe auf dem Bodensee. Der Mau-
racher Hafen ist ein Hauptumschlagplatz zuerst des Klosters, danach des
Schlosses von Salem und mehrerer Ziegelwerke. Segelschiffe vom Ober-
und Untersee legen unterhalb der Birnau vor der heutigen Seehalde, der
Villa Seefrieden und vor dem Schloss Maurach an.

Ein Schloss war das Hofgut der Salmannsweiler Mönche in Maurach
zwar nie, aber nach der Säkularisierung hat es der Markgraf bewirtschaftet.
Der Verwalter ist ein geschäftstüchtiger Mann, er errichtet in der ehemaligen
Schiffsanlegestelle der Klosterherren das Gasthaus Schlössle. 1859 beschäftigt er den 16-jährigen Sebastian Gruler als Stalljungen und Dienstbuben.

Nach den Aufzeichnungen in der Grulerschen Chronik geht es danach
im Leben des jungen Gruler recht bunt zu. Der langsam heranwachsende
Mann scheint sich seines Wertes bewusst zu werden. Er wechselt einige
Arbeitsstellen und wird schließlich Ziegelknecht in verschiedenen Ziegelei-

en, bis er durch eine Heirat Besitzer einer kleinen Landwirtschaft in Oberuhldingen wird. Jetzt erwacht in dem jungen Schwaben sein unternehmerisches Talent, und die Chronik steuert langsam einem märchenhaften Ende
entgegen.

Sebastian Gruler erweist sich, kaum hat er die Chance, als ein weitsichtiger Unternehmer. Bauer sein, ist gut und recht, doch er will mehr.
Zunächst tauscht er den geerbten Hof gegen einen größeren, und bald
darauf kauft der Mann sich eine eigene Ziegelei. Dieses Handwerk hat er
schließlich gelernt.

Das Ziegeleiwerk in Maurach, in dem er schon gearbeitet hat, steuert in
den Konkurs. Der junge Gruler schnappt zu. Damit wird er zum Besitzer
eines großen Grundstücks direkt am See, unterhalb der Wallfahrtskirche
Birnau. Vom Fischerhaus Allgeier bis hinter die Stallungen des heutigen
Pilgerhofs, und von der Straße nach Oberuhldingen bis zum See; sogar
ein 30 Meter breiter Streifen des Bodensees gehört mit dazu. Aus dem
Rossbuben wird im Lauf der Jahre ein beachtlicher Geschäftsmann mit
ansehnlichem Grundbesitz.

Nach dem Ende des Krieges 1870/71 wird seine Ziegelei zu einem blü-
henden Unternehmen. Schließlich vererbt er 1916 seinen drei Söhnen den
florierenden Bauernhof, ein Gasthaus in Nussdorf, die Ziegelei in Maurach
mit viel Land, und dem jüngsten, Emil Gruler, einen Landwirtschaftsbe-
trieb auf dem Gelände der heutigen Seehalde. »Damals gab es hier die Ziegelei und unser Haus, den Bauernhof. Der Pilgerhof wurde ein Jahr später
von meinem Großonkel Hugo Gruler gegründet.« Auch Bernhard Grulers
Großvater, Emil, verwandelt sein Erbe schon bald in eine Herberge um.

Es ist im Jahr 1917, als die ersten Gäste in der Seehalde übernachten. Der
›Hecht‹ in Seefelden ist ausgebucht. Der Hechtwirt schickt zwei ›Frolleins‹
zu den Grulers. Sie bekommen von Wilhelmine Gruler einen Pfannen-
kuchen mit Kompott serviert. Es sind die ersten Gäste in der Seehalde.

Zunächst ein Gästehaus, dann eine Gartenterrasse und schließlich ein
Kaffee. Seit 1926 heißt die Gaststätte ›Seehalde‹. Die ersten Feriengäste
quartieren sich ein. Emil Gruler errichtet eine neue Kaimauer. Nach den
Seglern und Ruderern legen jetzt auch die ersten Motorboote an.

»Dieser Teil des Sees ist etwas für Feinschmecker«, steht in den Aufzeichnungen aus den Zeiten von Wilhelmine Gruler, aus denen Bernhard
Gruler vorliest. Wilhelmine Gruler ist schon bald eine der bekanntes-
ten Köchinnen am See. »Sie gelangte zu einer gewissen Berühmtheit«,
schreibt der Chronist.

Bernhard Gruler schmunzelt. Er kennt das Familienerbe. Junior Thomas Gruler trägt auf, was sein Bruder Markus in der Küche angerichtet

Die Seehalde – ein Hotel in bester Lage am Bodensee, und doch mit noch besserer Küche.

hat. Von wegen Märchenstunde. »So war's wirklich!«, betont der Senior nochmals. Wenn die Geschichte des kleinen Sebastian auch märchenhaft klingen mag, das Essen heute schmeckt noch immer märchenhaft.

»ICH WERDE KOCH!«

Sie bedienen ihre Gäste wie die linke und die rechte Hand des Genusses. Der eine kümmert sich um extravagante Speisen, der andere um die besondere Getränkeauswahl und den Service. Wie Brüder sehen sie wahrlich nicht aus. Doch wenn es um den Geschmack geht, sind sie sich brüderlich einig. Markus und Thomas Gruler führen seit wenigen Jahren die Seehalde in Maurach in eigener Regie.

Beide haben das Handwerk des Kochs gelernt, beide wollen ihre Gäste begeistern und beide sind aus der Gourmetszene am See nicht mehr wegzudenken. Markus als Koch, Thomas im Service und als Sommelier. »Bin ich nicht«, widerspricht er schnell. Doch wer mit ihm über Wein philosophiert, weiß: Ist er doch!

Es scheint bei der Gründung des Seehofs eine gute Fee dabei gewesen zu sein. Zunächst hat sie dem Gasthaus einen wahrlich begnadeten Ort zugewiesen. Zudem aber hat sie die Küche wohl für immer und ewig verzaubert. Denn seit der Öffnung des Restaurants 1926 steht in der Seehalde ununterbrochen ein Feinschmecker am Herd. In den ersten Aufzeichnungen, die sich zu der Küche finden, wird schon im vorigen Jahrhundert die Küche hervorgehoben.

Wilhelmine Gruler muss eine begnadete Köchin gewesen sein. Ihr Ruf geht schon vor dem Ersten Weltkrieg rund um den See. Über vier Jahrzehnte pilgern Feinschmecker in die Seehalde, um Wilhelmines Küche zu genießen. Damals gibt es die ersten Stammgäste in der Seehalde, die sich jedes Jahr der Küche wegen für 14 Tage hier einquartieren.

»Gleich zwei Wochen haben die wenigsten Gäste heute noch Zeit«, beschwichtigt Thomas Gruler, um bescheiden keine Parallelen zur Ur-großmutter Wilhelmine aufkommen zu lassen. Doch die entsprechenden gleichlautenden Hinweise liegen auf der Hand. Damals wie heute kommen viele Gäste nicht nur wegen der phänomenalen Lage der Seehalde, sondern wegen der einzigartigen Speisekarte, die die beiden Brüder gemeinsam erarbeiten. Dabei nehmen sie meist die gleichen Lebensmittel wie schon Wilhelmine Gruler in den 20er-Jahren. Bodensee-Felchen, Schweinebacken oder Huhn – damals wie heute. Nur heute wissen die beiden ihre Gerichte raffinierter zuzubereiten: Das Felchen servieren sie mit Kaviar, das Schweinsbäckle mit Lammzüngle, Kalbskopf und Hahnenkamm oder das Linzgau Hühnchen mit Garnele.

Nach dem Zweiten Weltkrieg muss Alfred Gruler, ein Sohn von Wilhelmine und Emil Gruler, das Gasthaus übernehmen. Sein Bruder ist im Krieg gefallen. Er war der Koch, er hätte das Hotel leiten sollen. Doch auch dieses traurige Kapitel nimmt für die Gourmets eine überraschend schmackhafte Wendung. Alfred Gruler, der gelernte Techniker, zeigt wahren Geschmack und heiratet Emilie. Emilie Gruler beweist sich schnell als eine leidenschaftliche Köchin, die den Ruf der Seehalden-Küche redlich mehrt.

Alfred und Emilie sind ein Wirtspaar der Nachkriegszeit, wie man sie heute noch sucht. Emilie ist gelernte Köchin, sie kocht mit Herz und Liebe. Die damals gerade neu auf den Markt kommenden Hilfsmittelchen und Fertiggewürzmischungen weist sie weit von sich. Sie bleibt eine traditionelle Köchin, wie sie es in einem bürgerlichen Restaurant vor dem Krieg gelernt hat.

Alfred hat bei seinen Eltern gesehen, wie man ein Hotel führt. Als zuvor erfolgreicher Monteur in vielen Ländern erkennt er nach dem Krieg schnell die Zukunft von Hotelgewerbe und Tourismus am See.

Noch stehen Scheune, Stall und Schuppen an der kleinen Seestraße. Alfred und Emilie bauen um und an. 1963 schon sieht man die Ausmaße des heutigen Ensembles. Fließend warmes und kaltes Wasser in den Gästezimmern ist in vielen Hotels am See noch eine Sensation. Die Seehalde bietet zusätzlich eine eigene Liegewiese direkt am See, wo zuvor noch die Kühe grasten.

Blick auf den See, den Wellenschlag am Ufer, die Mainau gegenüber. Jeder Gast freut sich über das paradiesische Plätzchen. Doch das allein reicht den Grulers nicht. Die Grulers sind anders. Der Segen der guten Fee wirkt offensichtlich nach. Der jüngste Sohn von Alfred und Emilie Gruler, Bernhard, weiß schon als kleiner Junge: »Ich werde Koch!« Und seine Eltern sind sicher: Wenn der Junge Koch werden wird, dann ein ausgezeichneter. Sie schicken ihn in das damals legendäre Hotel Waldeck bei Freudenstadt.

Bernhard Gruler hilft schon als Junge am liebsten seiner Mutter in der Küche. Wie man Bodensee-Felchen Müllerin Art serviert, oder Kretzerfilets brät, muss er nicht mehr lernen. Doch im Waldeck und später auch in noblen Hotels in der Schweiz und Österreich wird der zukünftige Küchenchef der Seehalde mit der gehobenen, internationalen Küche konfrontiert. Er mutiert zum Garanten einer unter Feinschmeckern weiterhin beliebten Seehalden-Küche.

Bernhard Gruler verliebt sich auf einer seiner Stippvisiten in einem Restaurant in Toggenburg in seine Irmtraud. Sie ist Zahnarzthelferin. Doch als hätte er es geahnt, schlummern in ihr alle Fähigkeiten einer gestandenen Wirtsfrau. Sie ist schon bald die freundliche Ouvertüre im Restaurant, er der schmackhafte Paukenschlag: Bernhard Gruler serviert, was ihm selbst schmeckt. Mit gutem Essen wurde er dank Mutter Emilie von Kindesbeinen an verwöhnt: Rinderzunge in Madeirasauce, Froschschenkel in Knoblauchsauce, Roastbeef, Chateaubriand mit Sauce Bérnaise, Bisonlende, aber auch bodenständig Schlachtplatten aus eigenen Schlachtungen.

Bernhard Gruler erarbeitet sich mit der Zeit seine eigenwillige Karte. Er findet einen Spagat zwischen herzhafter Regionalküche und gehobenem, internationalem Anspruch.

Heute, eine Generation nach ihm, lesen sich die Kritiken der Seehalden-Küche über seinen Sohn Markus Gruler nicht viel anders. Erst vor wenigen Jahren hat er das Regiment über die Brigade übernommen. Auch er ist immer auf der Suche nach dem Einklang zwischen regionalen Lebensmitteln und Haute Cuisine. Internationale Gourmetkritiker geben sich die Seehalden-Klinke in die Hände.

»Ich werde Koch!«, diesen Grulerschen Erbsatz hatte zuvor schon sein Bruder Thomas gesagt. Markus will zunächst lieber Fischer werden. Doch schließlich lernen beide, Thomas und Markus, den Familienberuf: Koch.

Nach ihrer Lehrzeit stehen zunächst beide zu Hause am Herd. Es muss eine kreative Chaoszeit in der Küche geherrscht haben. Beide Jungs haben bei wahren Bodensee-Koryphäen ihr Handwerk gelernt. Thomas beim Linzgau-Koch-Patron Clemens Baader, Markus beim Bodensee-Fischpapst am Untersee Klaus Neidhart.

»Die Küche ist zu klein für uns beide«, erkennen sie bald. »Mein Bruder ist der charmantere von uns, deshalb darf er den Service leiten«, sagt heute Markus mit einem bübischen Lächeln. Brüderlich erkennen sie ihre Aufgabenteilung. So ist der Gast rundum professionell versorgt. Der Segen der guten Fee bleibt dem Seehof offenbar treu.

MARKUS UND THOMAS GRULER

Schmidt Max ist nur kurz irritiert. Auf seiner Freizeit-Tour des Bayrischen Fernsehens sitzt er auf der Terrasse der Seehalde. Thomas Gruler stellt sich kurz vor und serviert einen hauseigenen Müller-Thurgau. »Angenehm, Gruler«, stellt sich Markus vor und zeigt seinen frischgefangenen Hecht, bevor er ihn verarbeitet. »Dann seid's ihr Brüder?«, erkennt Max schnell.

Wer in der Seehalde einkehrt wird auf jeden Fall von einem Gruler begrüßt. Ob Thomas oder Markus, manchmal ist auch noch Senior Bernhard oder seine Frau Irmtraud am Empfang. Die Seehalde ist ein Familienhotel, und das wird sich auf absehbare Zeit nicht ändern. Immobilienhaie beißen sich hier die Zähne aus. Das Hotel steht in der ersten Reihe am See, doch die beiden jungen Gastwirte sehen sich der Familientradition verpflichtet.

Für Feinschmecker ist es eine Freude, in der Seehalde einzukehren. Markus und Thomas nehmen ihr Erbe ernst. Mit ihnen kann man fachsimpeln über regionale und internationale Genüsse. Beide lieben selbst, was sie servieren. Und beide genießen, wenn der Gast genießt.

KONTAKT /// HOTEL SEEHALDE /// MARKUS UND THOMAS GRULER /// MAURACH 1 /// D-88690 UHLDINGEN /// WWW.SEEHALDE.DE ///

»LEIDER WAR KEIN BUB DABEI!«

HOTEL UND RESTAURANT SEEHOF, IMMENSTAAD
Frank und Jürgen Hallerbach

Für eine Familiensaga reicht der Stoff des Seehofs allemal. Krieg und Frieden und der unvergessliche Graf Zeppelin. Schwere Schicksale, traurige Dramen und schließlich ein Happy End. Am derzeitigen Glück des Seehofs schreiben Frank und Jürgen Hallerbach. Die beiden teilen sich die Arbeit wahrlich brüderlich: Frank als Hotelmanager, Jürgen als Küchenchef. Glücklicher sind die Zeiten für die Gäste, in der fast 130-jährigen Seehof-Geschichte, wohl nie gewesen.

In fröhlicher Runde hört man vier Damen. Am Kachelofen der Badischen Stube sitzen Alice Hallerbach, Lore Handloser, Christel Gentner und Bärbel Dürr. Gemeinsam ist ihnen der Zusatz: geborene Rebstein. Vier charmante Frauen im etwas besonneneren Alter. Sie sind die guten Feen des Seehofs. Ein bisschen lautstark vielleicht, aber sie haben auch einiges zu erzählen. Ihr Vater Alois Rebstein prägt den Seehof in seinen aktiven Jahren wie kein Wirt vor ihm. Er ist ein Gastwirt wie aus dem Bilderbuch: Wirt, Jäger, Obstbauer und Hobbymusiker mit Entertainer-Qualitäten. Die Gäste lieben ihn, nicht nur, wenn er auf seiner Klarinette spielt.

Von der Geburt seiner vier Töchter ist er allerdings zunächst nicht besonders angetan. Er bedauert: »Leider war kein Bub dabei.« Dafür zeigt sich die jüngste, Bärbel, bis zur Schulzeit nur in Hosen und mit Bubikopffrisur.

Der Vater versucht angesichts des vermeintlichen vierfachen ›Fehlschlages‹ seine Vorstellungen zur Zukunft des Seehofs doch noch durchzusetzen – und ist dabei zunächst erfolgreich. Alle vier Töchter erlernen den von ihm vorgegebenen Beruf: Alice das Hotelfach, Lore wird Schneiderin, Christel Konditorin und Bärbel Köchin. Jedoch will später keine ihren Beruf auch ausüben – und dann heiraten alle vier auch noch Männer mit fachfremden Berufen.

Die vier sitzen heute trotzdem vereint und zufrieden in ihrem elterlichen Anwesen. Süffisant erinnert Lore an die Gründungsgeschichte: »Der Seehof ist auf Sand gebaut!«

Der Gründer Baptist Meichle verdient sein Geld mit Kies. Den Sand schabt er vom Seegrund vor Immenstaad ab. 1885 kauft sich der erfolgreiche Unternehmer ein Schankrecht und baut den Seehof in den Immenstaader Hafen. Sohn Berthold soll das Gasthaus einmal führen. Doch die junge Geschichte des neuen Seehof beginnt sogleich mit einem schaurigen Drama.

Junior Berthold Meichle unternimmt vor der geplanten Übernahme der Wirtschaft, 1906, noch eine letzte Schifffahrt. Es ist ein heißer Sommertag, er muss noch ein Kiesschiff nach Kressbronn steuern. Der 26-jährige Meichle steht an Deck neben der Kapitänshütte. Es herrscht das typische, schwüle Seewetter der heißen Augusttage. Mittags brennt die Sonne, abends ziehen Gewitter auf. Schwarze Wolken kommen aus dem Westen, der Wind nimmt zu. Ein paar Regentropfen fallen, erste Blitze erhellen grell das Firmament. Plötzlich ein lautes Grollen, fast zeitgleich ein heller Funkenschlag. Ein tödlicher Blitz trifft den jungen Berthold Meichle.

Bruder Gustav Meichle springt ein und übernimmt vom Vater den Seehof. Er zieht mit seiner Frau Kreszentia und drei Kindern in das Wirtshaus ein. Berta, die älteste Tochter, übernimmt später den Seehof mit ihrem Mann Alois Rebstein.

Sie ist die Mutter der heutigen vier Damen am Kachelofen und erzählt ihnen in ihrer Kindheit gerne von dem Grafen und seiner silbernen Zigarre.

Die guten Feen des Seehofs: Die Geschwister Alice Hallerbach, Lore Handloser, Christel Gentner und Bärbel Dürr – alle vier Damen eint: geborene Rebstein.

ZIMMER 17

1886 wagt Carl Benz in Mannheim eine Probefahrt mit seinem ersten Auto. Im Juli 1900 steigt der Zeppelin am Bodensee zum ersten Mal in die Höhe. In Immenstaad spielen die Kinder in den Sandbergen der Kieslände des Unternehmers Baptist Meichle, wo heute die Terrasse des Seehofs einlädt.

Die Mobilisierung Europas steht erst am Beginn, selbst Fahrräder sind für die Steppkes noch eine Attraktion. Aber ihre Ohren können sehr wohl unterscheiden, ob ein einzelner Reiter, ein Einspänner oder gar ein Zweispänner vorfährt. Und sie wissen: In den Zweispännern – da sitzen die vornehmen Herren!

Schnell lassen sie ihre mühevoll aufgebauten Sandburgen stehen und rennen los. »Wir Buben sprangen hinterher und im Seehof bekamen wir Zucker von ihm«, erzählt in seinen Aufzeichnungen der junge Alois Rebstein, späterer Seehofwirt. Von ihm, das ist der Graf persönlich: Graf Ferdinand von Zeppelin, der im damals schon noblen Seehof gern absteigt.

Der Graf führt die Pferde meist selbst, sein Kutscher sitzt neben ihm auf dem Bock des Landauers. Diese vierrädrige Kutsche hat zwar noch die Federung ihrer Vorläuferin, der halboffenen Berline, bietet aber den Komfort eines vollständig aufklappbaren Verdecks. Ein Statussymbol der begüterten Klasse.

Der Graf ist mit dem ersten Seehofbesitzer Baptist Meichle befreundet. Regelmäßig besucht er ihn in seinem Gasthof. Sie diskutieren damals noch im wahrsten Sinne des Wortes um des Kaisers Bart und über moderne Antriebsformen zu Wasser und in der Luft. Meichle will möglichst schnell seine Lastkähne mit Verbrennungsmotoren über den See schippern. Erste 6-PS-Motoren für seine Kiesschiffe hat er schon getestet.

Der Graf dagegen, als der ›Verrückte vom See‹ verschrien, ist beseelt von seiner Idee, Luftschiffe als Kriegstransportmittel einzusetzen.

Er bezieht im Seehof immer das gleiche Zimmer, das Eckzimmer, das ihm einen Ausblick auf den See und den Hafen gewährt. Das Zimmer 17.

»Der Mann war ein richtiger Kinderfreund«, wissen Alice Hallerbach, Lore Handloser, Christel Gentner und Bärbel Dürr aus erster Hand. Ihre Mutter erzählte ihnen oft und ausführlich, wie sie als Kind dem Grafen auf den Schoß geklettert ist. »Für sie und ihre Geschwister brachte er meist ein Spielzeug mit.«

Seine Frau, Gräfin Isabella, ist mit ihrer Tochter in der Zeppelin-Schicksals-Nacht vom 5. August 1908 allein im Seehof zu Besuch. Ein Reiter überbringt die Nachricht. In Stuttgart-Echterdingen brennt das Luftschiff LZ 4 lichterloh.

Die kaiserliche Armee soll endlich das Luftschiff für Kriegszwecke ausbauen, verlangt aber von den Erbauern eine Demonstration, dass der Zeppelin für eine 24-Stunden-Fahrt geeignet ist. Zum Demonstrationsflug startet der Graf in Friedrichshafen in seiner silbernen Zigarre nach Mainz. Auf dem Rückflug muss das Schiff wegen Motorproblemen in Echterdingen landen. Ein aufkommender Sturm reißt den 136 Meter langen Rumpf aus seiner Verankerung. Der Zeppelin LZ 4 landet in einem Obstbaum, fängt Feuer, und nach kürzester Zeit bleiben von der stolzen Konstruktion nur noch rauchende Trümmer übrig. Das Ende der Luftschiffe vom Bodensee scheint besiegelt.

Doch das Blatt wendet sich schnell. Spontan startet im gesamten Deutschen Reich eine Hilfsaktion; am Ende dieser Schicksals-Nacht steht eine reiche Zeppelin-Stiftung. Graf Zeppelin selbst bezeichnet später den 5. August 1908 als ›die Geburtsstunde der nationalen Luftschifffahrt in Deutschland‹.

KRIEG UND FRIEDEN

Frank und Jürgen Hallerbach bekommen als Kinder wenig von der Anstrengung eines Wirtelebens mit. Ihre Eltern, Alice und Günter Hallerbach, übernehmen den Gasthof 1971 und verpachten das Restaurant. »Vielleicht war das gut so, denn ob wir uns das sonst angetan hätten?«, fragt Frank Hallerbach seinen Bruder. Doch die Frage klingt eher rhetorisch, denn die beiden scheinen ihr Hoteliers- und Küchenchefleben heute zu lieben. Sie führen das Traditionshaus modern und weltoffen, nach außen ohne Stress. Es ist eine wohltuende Atmosphäre in dem freundlichen Familienhotel, geführt von zwei Brüdern, die sich offensichtlich blendend verstehen.

Gemeinsam haben sie nach ihrer Übernahme den Seehof modernisiert. Dabei geben sie nicht zufällig der ehemaligen Zeppelin-Stube den Namen ›Alois‹. Alois nach Alois Rebstein, ihrem Großvater und Seehofwirt von 1930 bis 1970.

Es ist der Dreikönigstag 1930. Alois Rebstein und Berta Meichle, die Enkelin des Gründers Baptist Meichle, sind gerade sechs Tage verheiratet, da übergibt ihnen Vater Gustav Meichle den Seehof. Das junge Paar ist bestens motiviert. Heute würde man Alois Rebsteins Lebensmotto den Seehof-Claim nennen: »Was man aus Liebe tut, geht nochmal so gut!« Später schreibt er: »Ich musste mich in diesen neuen Beruf zuerst reinlernen, aber wenn man etwas mit Interesse tut, kann man es bald.«

Offenbar brachte Alois Rebstein neben Lernwillen und Liebe eine weitere Tugend mit in die neue Aufgabe: Begabung für unternehmerisches Handeln. Diese hatte er bereits vor der Übernahme des Betriebes bewiesen, als er einen erfolgreichen Obsthandel aufbaute.

Sein Wirken im Seehof beginnt mit einem nicht mehr enden wollenden An- und Ausbau des Gasthofs. Er erweitert den Seehof und lässt 1935 von einem Kunstmaler die Gaststube als zünftige Badische Stube herrichten, wie sie heute noch urig und gemütlich den Gästen gefällt.

Mit Kriegsbeginn wird Alois Rebstein zum Grenzschutz eingezogen, die Dienststelle wird im eigenen Gasthaus untergebracht. Der Seehofwirt muss jetzt abends, wenn die Gäste kommen, auf Patrouille. Er schultert sein Gewehr und marschiert am See entlang bis Hagnau. Ein überzeugter Soldat wird er nicht. Sobald er eine Wildente sieht, fällt meist ein Schuss. Aus dieser Zeit sind Bertas Wildentengerichte im Seehof legendär.

Bis 1953 wird Alois Rebstein nicht mehr Herr im eigenen Haus sein. Der neugebaute Saal wird beschlagnahmt, Ingenieure der Friedrichshafener Rüstungsindustrie okkupieren die Räume.

Der Seehof zu Zeiten des Grafen Zeppelin …

Es sind unsichere Zeiten. Bei Fliegerangriffen auf Dornier in Friedrichshafen werden auch Häuser in Immenstaad getroffen. 1944 brennen in einer Nacht 14 Häuser im Ort. Ein Jahr später rücken die Franzosen ein.

»Da sah ich den ersten Schwarzen«, erinnert sich Christel Gentner, eine der Tanten der Hallerbach-Brüder. »Das war ein Marokkaner, die haben sich sofort auf unsere Hennen im Hühnerstall gestürzt.«

Für Mutter Berta beginnt mit dem Einzug der Französischen Armee eine besondere Schaffenszeit. Die Kommandantur besetzt den Seehof. Berta gilt als ausgezeichnete Köchin. Sie hat ihr Handwerk in der Schweiz gelernt. Die Speisekarte in dem Seegasthaus zählt zu den feinsten: Züricher Geschnetzeltes, Rösti und Rahmsoßen oder Pferdesteaks sind begehrte Seehof-Spezialitäten. Das schmeckt auch den französischen Offizieren. Sie stellen neben Berta Rebstein noch ihren eigenen Koch in die Küche und schlemmen schon bald, mitten in den letzten Kriegstagen, wie ›Gott in Frankreich‹ im Seehof in Immenstaad.

… und der Seehof heute.

Es ist eine Woche vor dem offiziellen Kriegsende. Noch wird in den Städten in Deutschland gekämpft. Berta Rebstein hält das erste Abendessen unter französischer Regie fest: Es gibt Nudelsuppe, verschiedene Platten mit Wurst und Rauchfleisch, Beefsteak mit Bratkartoffeln und Salat, schließlich Käse, Butter und Kompott. Die Küchenbrigade hat ab diesem Abend täglich bis weit nach Mitternacht zu tun. Zur Versorgungslage schreibt die resolute Seehof-Köchin: ›So gut wie jetzt haben wir nicht einmal früher im Frieden gelebt.‹

Das wird in den nächsten Jahren so bleiben, denn die Französische Armee gibt die Kommandantur im Seehof erst 1953 auf. Bis dahin hat sich die Speisekarte völlig geändert. Im Seehof residieren schon bald nur noch Offiziere. Sie lassen Bordeaux-Weine und Champagner anliefern, Bresse-Hühner, Loup de mer und Austern.

Alois Rebstein, der vorausschauende Seehofwirt, hat vor dem Einzug der Franzosen seine Weinvorräte aus den Fässern in Flaschen abgefüllt und im Garten vergraben.

Berta Rebstein wird während der Besatzungszeit zur Wohltäterin von Immenstaad. Ihre Töchter erzählen: »Jeden Sonntag ging es in die Kirche. Doch ein Gebetbuch hatten wir zu dieser Zeit nicht dabei, sondern immer Essen in Servietten eingewickelt.« Hühner-Brüstchen oder Leberwurst liefern die Mädchen bei bedürftigen Familien ab, die ihnen Mutter Berta nennt.

Auch Alois Rebstein nutzt die Zeit. In der Meichle-Kiesgrube in Immenstaad legt er einen großen Gemüsegarten an, aus dem er den Seehof zeit seines Lebens mit eigenem Gemüse versorgte. Außerdem geht er zur Jagd. Manchmal nimmt er eine seiner Töchter mit. Christel erinnert sich, wie sie ihren Vater auf dem Hochsitz wecken musste, als ein Reh vor ihnen auf der Lichtung äste.

Es ist die Zeit der deutschen Wirtschaftswunderjahre. Der Seehof weitet sich aus. Alois Rebstein erbt das Grundstück von seinem kinderlosen Nachbarn Otto Langenstein, mit dem er bereits 1946 einen ersten Erbvertrag abgeschlossen hat. Gegenleistungen: Übernahme von Schulden in Höhe von insgesamt 9000 M, Versorgung des Nachbarn und seiner zwei ebenfalls ledigen und kinderlosen Schwestern mit Essen auf Lebenszeit.

Auf dem Grundstück des ehemaligen Nachbarn steht heute das Wohnhaus von Frank und Jürgen Hallerbach. Die beiden Enkel von Alois Rebstein treten als Hoteliers und Gastwirte 1993 in die Fußstapfen ihres Großvaters.

»Es ist ein Sauglück mit Frank und Jürgen«, freuen sich die vier Schwestern heute gemeinsam, »das müssen die Gene von unseren Eltern Alois und Berta sein. – Wir wurden übergangen.« Die vier prosten sich zu: »Das soll es geben!«

Alois Rebstein würde sich beim Anblick dieses Bildes bei seinen vier Töchtern vermutlich entschuldigen. Von wegen: »Leider war kein Bub dabei«. Die vier Schwestern wissen: Sie haben gemeinsam für das Seehof-Erbe die Weichen für eine glückliche Zukunft gestellt.

Die ›Badische Stube‹ im Seehof der Familie Hallerbach.

FRANK UND JÜRGEN HALLERBACH

Vielleicht kommen bei Frank und Jürgen Hallerbach tatsächlich die Mendelschen Vererbungsregeln zum Tragen. Ältere Hausgäste jedenfalls erinnern sich beim Anblick der beiden heutigen Hoteliers gern an den Großvater Alois Rebstein, wie er als kreativer und weitblickender Seehofwirt das kleine Hotel zu einem Ferienparadies umbaute, und wie Großmutter Berta das Restaurant in die erste Reihe am See kochte.

Sicher, die Gene allein machen keinen Gastwirt. Dazu kommen die beruflichen Stationen beider Brüder. Beide wurden im Colombi in Freiburg ausgebildet. Frank Hallerbachs nachfolgende Stationen waren namhafte Hotels in Frankfurt, London und Beverly Hills: Steigenberger, Le Meridien und Bel Air. Sein Bruder erhielt die höheren Weihen bei Haeberlin in Illhäusern, Marchesi in Mailand sowie in dem ebenfalls mit drei Michelin-Sternen dekorierten Gavroche in London.

Trotzdem haben sie sich auf die gewachsene Tradition des Familienhotels Seehof besonnen. Weltoffen und bodenständig – ein vorbildlicher Spagat für zeitgemäße Wirtsleute im Linzgau.

KONTAKT /// **HOTEL UND RESTAURANT SEEHOF** /// **FRANK UND JÜRGEN HALLERBACH** /// **AM YACHTHAFEN** /// **D-88090 IMMENSTAAD** /// **WWW.SEEHOF-HOTEL.DE** ///

VOM ›CAFÉ HEMDHOCH‹ ZUM STERNE-HOTEL

HOTEL HEINZLER AM SEE, IMMENSTAAD
Michael und Thomas Heinzler

Oma Mathilde hat den richtigen Riecher. Als Köchin und als Geschäfts-
frau. Bis 1934 kocht sie in der Kantine der Ziegelei Heger, dann übernimmt sie am sumpfigen Seeufer das Vereinsheim des TuS Immenstaad.
Wo heute das Hallenbad der Feriengemeinde Immenstaad steht, ist damals der Fußballplatz, und wo das Hotel Heinzler heute mit modernem
Wellness- und Spa-Bereich verwöhnt, stehen die Umkleidekabinen und
das Vereinsheim der Kicker. Oma Mathilde ist ihre Vereinswirtin, ihr
Wurstsalat kommt einem Schuss ins Tor gleich.

Nach 1945 spiegelt das Hotel Heinzler in imposanter Weise die Wirtschaftswunderjahre der jungen Bundesrepublik, und vor allem die boo-
mende Zeit des Tourismus am Bodensee wider.

Paul Heinzler, einer der Söhne Mathildes, ist ein echter Haudegen, der
als Wirt und Koch mit seiner Frau Charlotte das kleine Café zu einem
Hotel ausbaut. Paul Heinzler geht in den 50er-Jahren als Koch auf Wan-

Das ›Strandbad-Kaffee‹ anfangs der 1950er-Jahre …

derschaft, fährt zur See und kommt mit der damals noch exotischen Nouvelle Cuisine im Gepäck aus der großen Welt in das kleine Café zurück.

Zunächst staunen die Gäste in Immenstaad, was ihnen der Paul plötzlich serviert, doch schnell werden seine Indonesische Reispfanne, Toast Hawaii, Spargel in Schinkenröllchen oder Krabben-Cocktail mit der berühmten Mayonnaise zum Renner.

Paul Heinzler serviert bis dahin unbekannte Meeresfische und Hummer und macht sich einen Namen als Pionier der gehobenen Küche in den bis dahin eher kartoffel- und schnitzellastigen deutschen Gastwirtschaften.

Die beiden Söhne, Michael und Thomas, sind aus demselben Holz geschnitzt. Beide sind echte Immenstaader Kinder, gelernte Köche, Wirte, Hoteliers und auch große Genießer der modernen Küche. Beide steigen in die Fußstapfen ihres Vaters, auch sie revolutionieren auf ihre Weise das Speiseangebot der Köche-Generation vor ihnen, streichen den zum Klassiker gewordenen Krabben-Cocktail und die nun sattsam bekannte Reispfanne von der Karte und servieren stattdessen bodenständige Lebensmittel aus der Region. Aber die beiden wissen heute Felchen oder Kalbsnieren raffiniert nach internationalem, modernem Standard mit exotischen Gewürzen zu verfeinern. Denn auch die beiden Sprösslinge tingelten zunächst, wie ihr Vater, durch die Küchen der Gourmet-Welt, bevor sie wieder in Immenstaad landeten.

... und heute das ›Hotel Heinzler am See‹.

Michael und Thomas Heinzler schaffen aus dem Hotel der Eltern ein Feinschmecker-Restaurant mit modernem Vier-Sterne-Hotel-Betrieb, ohne den hölzernen Stammtisch zu verrücken. Im Restaurant sitzen heute elegant gekleidete Geschäftsleute der Industriefirmen vom See sowie modisch-schicke Damen im duftigen Sommerkleid. Während nebenan an der Theke Einheimische im Blaumann oder in kurzen Freizeithosen lehnen.

Hier wird seealemannisch g'schwätzt, auch mal derb gefrotzelt, und die Gäste necken sich mit ihren Gastgebern, den Heinzler Brüdern, wie es sich an einem ordentlichen Stammtisch gehört. »Das sind der Ernst, der August und der Emil«, Michael Heinzler ist mit jedem der Stammgäste per du, auch mit Burkhardt Schirmeister, der gerade frisch geschlachtete Weidelämmer aus Sipplingen anliefert. »Setz die na, kriegsch ä Viertele dafür«, versucht Michael Heinzler, mit dem Schäfer zu handeln. Dieser kontert: »Für die Anfahrt nimm i des gern, schenk nu i. Die Rechnung für die Lämmer isch aber scho g'schriebe.«

Großmutter Mathilde würde sich heute in der Runde dieser Gäste sicher wohlfühlen. Allerdings würde sie ihr ehemaliges Vereinsheim kaum wiedererkennen. Gerade haben ihre Enkel Michael und Thomas das Haus vollständig renoviert. Es ist heute ein nobles Hotel; es zählt zu den feinsten Adressen am See und ist trotzdem dank der beiden verwurzelten Heinzler-Brüder in seiner Geschichte geerdet.

Mathilde hatte ohne Zweifel den richtigen Riecher und vor allem die richtigen Nachfahren. Das ›Café Hemdhoch‹ der Fußballer ist Geschichte, aber, wie es aussieht, mit einerglücklichen Forsetzung für Freunde gewachsener und zünftiger Gasthäuser.

SCHUSS IM BODENBLECH

Thomas Heinzler muss als Junge ein rechter Lausbub gewesen sein. Allerdings hat sein Vater dafür Verständnis, schließlich ist er es vermutlich auch selbst gewesen. Denn Thomas hat ohne Zweifel die gleichen Gene wie sein Vater Paul. Beide werden in ihrem Erwachsenen-Leben anständige Köche und Gastwirte. Doch sobald es die Zeit zulässt, ist Vater Paul im Wald auf der Jagd oder auf dem See beim Angeln. Thomas hat dafür ebenfalls früh seine Leidenschaft entdeckt und geht, wann immer der Vater ihn mitnimmt, hinterher.

»Auf dem Hochsitz lauern, ruhig abwarten, die Stille des Waldes genießen, die Tiere beobachten«, so beschreibt Thomas heute die Faszination des Jagdsports. Doch als Junge begeistert ihn natürlich auch die

Flinte des Vaters. Kimme und Korn fest im Visier. Baff, und das Reh fällt tot um.

Solche Geschichten wollen Jäger nicht breittreten, auch Thomas Heinzler erzählt heute lieber von der Möglichkeit, seine Gäste mit bestem Wild zu verwöhnen. So bereitet er in seiner Küche Rehmedaillons zu oder serviert den Rehrücken ganz klassisch a la Baden-Baden, oder Wildschwein-Frischlinge mit Pilzen, oder Hirschkeule …

Sein Bruder Michael serviert den Wildbraten am liebsten stilecht in der ›Jagdstube‹. Hier dominiert viel Holz, Holzdielen auf dem Boden und Holzvertäfelung an den Wänden und natürlich die obligatorischen Trophäen. Doch Jäger Thomas Heinzler winkt ab: »Es geht nicht um die Größe des Geweihs der Tiere, sondern um gesundes Fleisch aus einer ganz natürlichen Umgebung.« Und dann spricht aus ihm der Weidmann wie auch der Koch: »Mehr bio geht gar nicht.«

Thomas Heinzler ist Koch und Jäger mit Leidenschaft. Schnell wechselt er die weiße Montur gegen den grünen Rock. In nur fünf Minuten ist er aus der Küche in seinem Wald bei Ittendorf, wo er einer Jagdgemeinschaft angehört. Über 100 Rehe benötigt er jährlich in seiner Küche, einen guten Teil davon schießt er selbst. »Das hat den Vorteil, dass man als Koch mit noch mehr Ehrfurcht das Tier zerlegt und zubereitet.«

Heinzler erlegt das Wild fachmännisch und bricht es auf. Die begehrte Rehleber entnimmt er sofort, auch die Nieren und das Herz. Nach einem alten Jägerrecht gehören die Innereien dem Jäger. Doch Heinzler gibt die begehrten Stücke an seine Gäste weiter. Nach dem Aufbruch bringt er das Tier in einen extra Kühlraum seiner Küche. Drei Tage bleibt das Fleisch hängen, bis es mürbe ist, dann zerlegt und verarbeitet er es küchengerecht. Wo gibt es das denn noch, dass der Koch auch als Jägersmann das Wild serviert, das er zuvor selbst erlegt hat?

Reh, Wildschwein oder Wildente zählen zu den traditionellen Klassikern des Linzgaus. Selbst die selten gewordenen Feldhasen serviert Thomas Heinzler wieder. Der Bestand hat sich erholt. Vater Paul hat die Hasen geschmort oder als Ragout serviert.

Besonders stolz begleitet Klein-Thomas seinen Vater, wenn er sein Gewehr tragen darf. »Aber Vorsicht!«, gibt es jedes Mal eine extra Belehrung. Gesichert muss die Flinte sein: »Sobald die Patrone in das Patronenlager eingeführt ist, ist die Waffe zu sichern!« Und: »Beim Laden der Waffe immer den Lauf nach oben abdrehen. Ein versehentlicher Schuss in die Wolken würde zumindest keinen Jagdbegleiter treffen!«

»Das alles habe ich mir schnell verinnerlicht«, erinnert sich Thomas, der heute verspricht, keine Patrone im Lauf zu haben, wenn er nicht auf dem Hochsitz im Anschlag steht. »Und wenn, dann ist da immer noch der Sicherungshebel«, beruhigt er.

Vielleicht beruhigt sein Vater auf diese Weise auch seine Frau Charlotte. Trotzdem wundert sich Klein-Thomas eines Tages, als er im Auto seines Vaters ein Loch im Bodenblech entdeckt. Das Gewehr des Vaters stand vorschriftsmäßig im Fonds des Wagens, der Lauf nach oben, am Ende des Laufs sogar mit einer Kappe verschlossen. »So ordentlich hatte ich das Gewehr meines Vaters zuvor noch nie verstaut gesehen«, erzählt Thomas, doch Vater Paul soll gelassen abgewinkt haben. »Durchgerostet«, murmelt er und legt eine Fußmatte über das Loch auf den Wagenboden.

Aber Thomas hat seinen Vater längst durchschaut und traut der Geschichte nicht. Er inspiziert das Auto genauer, findet an dem Bodenloch keine einzige braune Roststelle aber unter dem Sitz des Autos eine abgefeuerte Patronenhülse.

»Zugegeben, manchmal sind die früher schon sehr leichtsinnig mit den Waffen umgegangen«, versucht Thomas heute seinen Vater zu entschuldigen und beruhigt schnell: »Damals waren die alten Männer nachlässig im Umgang mit den Gewehren. Dagegen wir jungen Jäger heute, wir …«.

HAUSEIGENER WEIN

Michael Heinzler ist ein Mann der Tat. Als seine Eltern wegen Krankheit früh das Hotel übergeben müssen, fackelt er nicht lange und kommt zurück nach Hause. Sein Bruder Thomas arbeitet zu dieser Zeit noch als Koch in einer Sterneküche in Hamburg. Michael, als älterer Bruder, hatte schon einige Stationen in verschiedenen Hotels hinter sich, sodass er als Erster den Heimweg antreten kann. Er hat in der Traube-Tonbach in Baiersbronn zunächst das Handwerk des Kochs erlernt und sich danach im Service weitergebildet. Er arbeitet im 2-Sterne-Hotel Steinhäuser Hof und in Südafrika.

Da sein Vater schwer krank ist, macht sich Michael nach seiner Rückkehr zunächst an den Weinkeller, schließlich hat er schon immer ein Faible für gute Tropfen. Er will sehen, wie der Keller bestückt ist und welche Weine er zusätzlich im Sortiment aufnehmen kann. »Dabei bin ich damals viel in den Weinkellern der Region herumgekommen und habe mich abends mit Kollegen auf ein Viertel getroffen.«

Mit Andreas Laubenberger, einem Wirt aus Meersburg, sitzt er eines Tags bei einem Seewein, nimmt den ersten Schluck und schaut seinen Kollegen fragend an. Auch dieser zieht ein säuerliches Gesicht. »Schorlewein! hat Andreas geurteilt«, erinnert sich Michael Heinzler, »ich habe geantwortet: Dann lass uns selbst einen Seewein machen.«

Gesagt – getan, Michael Heinzler ist ein Mann der Tat. Der junge Kerl geht schnurstracks zum Winzerverein Meersburg und kauft sich dort zwei eigene Fässer Rohwein. »Es war gerade nach der Traubenernte, da lagert der Wein noch unberührt in 1.000-Liter-Fässern.« Und zwei solcher großen Weinfässer, eines rot, eines weiß, kauft sich kurz entschlossen Michael Heinzler.

»Wir sind zum rechten Augenblick gekommen, jetzt konnten wir bestimmen, wie wir den Wein ausgebaut haben wollten. Wir haben mit dem Kellermeister abgecheckt, Gärung, Schwefelung und Süßigkeitsgrad selbst bestimmt, auf den richtigen Schmälz geachtet und einen Wein nach unserem Geschmack kreiert.«

Michael Heinzler ist von seinem Ziel überzeugt. Den Rotwein lässt er als Spätburgunder weiß keltern, den Weißwein kreiert er aus einer Cuvée von Müller-Thurgau und Kerner. »Wir haben immer wieder probiert, ich war zu dieser Zeit fast mehr im Weinkeller als zu Hause, aber ich wollte unseren eigenen Hauswein vom See, nach meinen Vorstellungen!«

Nach den ersten Flaschenabfüllungen ist Michael Heinzler von seinem Produkt überzeugt. Er gibt dem Spätburgunder den Namen seines Vaters ›Paul‹, und dem weißen Cuvée den Namen seiner Mutter ›Charlotte‹.

Der erste Jahrgang ist 2004. Seither wiederholt er jedes Jahr das Procedere mit dem Winzerverein Hagnau. Im Weinkeller des Hotel Heinzler lagern heute rund 5.000 Weine, 200 verschiedene Sorten und jedes Jahr neu: 1.000 Liter ›Charlotte‹ und 1.000 Liter ›Paul‹.

Frech geht Michael Heinzler gleich im ersten Jahr mit seinem ersten eigenen Weinen zu einer Wein-Prämierung: 4 Sterne von 5 verleiht ihm die Jury auf Anhieb. Noch heute lacht er und sagt: »Des muscht aus Spaß mache und im Blut haben.«

MICHAEL UND THOMAS HEINZLER

›Café Heinzler‹ sagen die Einheimischen zu dem Hotel, das auch der Michelin als Herberge empfiehlt. Längst haben die Brüder Michael und Thomas Heinzler das ehemalige Café zu einem noblen 4-Sterne-Hotel umgebaut. Trotzdem hat das großzügige Haus familiäres Flair und ist eine bodenständige Wirtschaft geblieben. Das liegt zum einen an dem Charme des immer gut gelaunten Restaurantchefs Michael Heinzler, zum anderen an der Kochkunst von Thomas Heinzler, der traditionelle, heimische Lebensmittel mit Fachkenntnis und viel Liebe zubereitet.

Das Ferienhotel liegt direkt am Seeufer, hat sogar einen eigenen Bootssteg, eine große Terrasse und verschiedene Restauranträume. 100 Gäste finden gleichzeitig Platz, und trotzdem liefert die zwölfköpfige Küchenbrigade zu jeder Zeit perfekt abgeschmeckte Gerichte.

»Alles eine Frage der Logistik«, sagen die beiden Brüder, die nach außen dem Gast eine besondere Lässigkeit vermitteln.

Es geht leger zu in dem Bodensee-Hotel. Die beiden Brüder begrüßen ihre Gäste persönlich. Manchmal auch mit Haus- und Jagdhund Bobby, einem alten grauhaarigen Cocker-Spaniel-Herrn.

KONTAKT /// HOTEL HEINZLER AM SEE /// MICHAEL UND THOMAS HEINZLER /// STRANDBADSTRASSE 3 /// D-88090 IMMENSTAAD /// WWW.HEINZLERAMSEE.DE ///

VON DER TRÄNKE ZUM HOTEL-RESTAURANT

HOTEL RESTAURANT HACK, HEILIGENBERG
Steigen Ulrika und Edwin Hügle

Früher standen Pferdefuhrwerke vor dem Wirtshaus Hack, heute parken Autos aus aller Herren Länder vor dem Hotel und Restaurant. Aus Berlin oder Paris kommen die Gäste vorgefahren, Ulrika und Edwin Hügle bewirten sie.

So ähnlich sieht schon das Bild nach dem Zweiten Weltkrieg aus. Die damalige Wirtin des Gasthauses Hack, Lydia Hügle, erinnert sich mit ihren 85 Jahren noch genau: »Die Schreiters aus Lüdenscheid waren unsere ersten Feriengäste.« Doch die Geschichte des heutigen Hotels und Restaurants beginnt bereits 1912. Genau genommen noch früher.

Es sind die letzten Jahre des Deutschen Kaiserreichs. Der junge Wilhelm II. übernimmt die Amtsgeschäfte von seinem Vater. In Heiligenberg regiert Maximilian Egon II. zu Fürstenberg, Graf zu Heiligenberg. Der hochadlige Politiker hält sich viel in Berlin am Kaiserhof auf, aber die Bediensteten und sein Hofstaat müssen in Heiligenberg im Schloss oben versorgt sein. Täglich kommen Kutscher vom Stammsitz der Fürstenberger aus Donaueschingen oder andere Lieferanten, die hinauf müssen zum Fürstensitz.

Der See liegt auf 400 Höhenmeter, Heiligenberg dagegen auf über 700 Meter. Die bepackten Gäule brauchen dringend Wasser, und die Menschen sind müde vom steilen Aufstieg. Auf nur wenigen Kilometern steigt der unsichere Weg extrem stark an. ›Steigen‹ nennen die Fuhrleute den Ort. Da kommt am Dorfeingang der Bauernhof der Hacks für die Tiere und die müden Knochen der Kutscher und Landfahrer gerade recht.

Es ist die Zeit, in der man keinem Wandersmann die Bitte um einen Becher Wasser abschlägt, auch den durstigen Pferden muss geholfen werden. Bauer Georg Hack ist ein christlicher Mann, der gelernt hat, keinem freundlichen Gast die Tür zu weisen. Doch nach 1905 ändern sich die Zeiten, und täglich klopfen immer mehr Reisende bei den Hacks an.

Die Mobilisierung beginnt. Die ›Badischen Staatseisenbahnen‹ haben die Nebenstrecke von Mimmenhausen über Neufrach nach Salem bis Leustetten verlegt. Dort ist vorerst Endstation. Die Bürger von Heiligenberg haben zwar bis dahin ein gutes Stück Weg zurückzulegen, doch dann geht es bequem im Zugwaggon in die Bischofsstadt Konstanz, in die Regierungsstadt Freiburg oder gar bis in die Badische Residenzstadt Karlsruhe.

Nur nach Hause, da müssen die Heiligenberger wieder den steilen Berg hinauf schreiten. Glücklicherweise gibt es unterwegs den Hack. Doch der Landwirt hat den Zug der Zeit erkannt und bei den Obrigkeiten um eine Konzession für einen offiziellen Ausschank gebeten. Die Bittsteller wurden dem braven Bauersmann Georg Hack nun wohl doch zu viel.

Es ist der Urgroßonkel des heutigen Wirts, Edwin Hügle, der Weitblick beweist und Teile seines Wohnbereichs des Bauernhauses in eine Gastwirtschaft umbaut. Er legt damit den Grundstein für das heute von Feinschmeckern beliebte Restaurant Hack.

»Frau Hack«, rufen neue Gäste der Wirtin nach. Ulrika Hügle nimmt's gelassen. Georg Hack hat sich mit der Gründung der Gastwirtschaft Hack sein Denkmal geschaffen. Der Mann hatte zwei Töchter, das Haus bleibt im Familienbesitz, durch die Heirat und das damalige Namensrecht heißen die Betreiber des Wirtshauses seit 1964 Hügle.

Die Eheleute Lydia und Rudi Hügle haben die Gaststätte schon vor der offiziellen Übernahme umgetrieben. Rudi Hügle arbeitet im Erholungsheim Heiligenberg. Seine Ehefrau Lydia führt unter der Woche die Wirtschaft allein, am Wochenende steht er hinter der Theke, sie in der Küche. »Kochen konnten wir Frauen damals alle, das war ganz normal«, echauffiert sie sich heute, wenn man nachfragt, wer in dieser Zeit Küchenchef war. Denn mit Lydia Hügle beginnt im Hack die Zeit der ›gutbürgerlichen Küche‹, die später Junior Edwin Hügle in das heute gehobene Feinschmeckerrestaurant führt.

Deshalb stehen noch heute die Autos mit Kennzeichen aus Berlin und Paris vor dem Hack. Und auch der Wagen der Familie Schreiters aus Lüdenscheid.

An der Steige das Gasthaus–Pension Hack in Steigen, unterhalb dem Schloss Heiligenberg, Anfang der 1950er-Jahre; mit noblen Volkswagen und Brezelfenster.

Allerdings natürlich nicht mehr Baujahr 1948. Auch der Fahrer ist ein anderer, der damalige Junior Schreiter ist heute Senior, aber noch immer Stammgast.

›HOCHDEUTSCHLICH VU DE GÄSCHT‹

Bald wird man von den goldenen Wirtschaftswunderjahren sprechen. Der Krieg hat seine Spuren hinterlassen, doch schnell erholt sich der Fremdenverkehr am Bodensee, und immer mehr Gäste fahren in den Süden der jungen Republik. »Damals kamen noch Großfamilien und blieben meist eine Woche, manche auch 14 Tage«, erinnert sich Lydia Hügle.

Voll-Pension ist gefragt: Frische Brötchen vom Bäcker sind morgens ein rösches Luxusgut, Mittagessen mit Suppe und Fleisch oder Fisch ist obligatorisch und abends Vesper mit Wurst und Käse, Restaurationsbrot, Russische Eier, Lachsbrot – zugegeben damals meist Lachsersatz.

Im Fernsehen laufen die ersten Kinofilme wie ›Die Fischerin vom Bodensee‹, doch noch gibt es nur ein Programm, und in den Fremdenzimmern noch längst keine TV-Geräte. Da sind die Gastwirte zum Entertainment verpflichtet. Abends sitzen sie mit ihren Gästen zusammen und erzählen vom Leben im Linzgau. Die Verständigung ist nicht immer einfach. Plattdeutsch und Linzgauerisch prallen in den Gasthäusern aufeinander. Die Einheimischen sind entgegenkommend und versuchen sich in Hochdeutsch.

Die Hügle-Buben Edgar und Edwin sitzen oft dabei und ›loschohren‹, was die Erwachsenen alles wissen. Sie staunen in ihrer kleinen Welt des Orts Steigen, woher die Gäste ihrer Eltern kommen. Auf Landkarten lernen sie, wo Frankfurt, Düsseldorf oder Hamburg liegt. Edwin Hügle freut sich noch heute: »Die haben uns nicht nur gezeigt, wo Berlin liegt, auch Konstanz oder Schaffhausen.«

Denn aus dem Gast-Gastwirt-Verhältnis entwickeln sich oft familiäre Beziehungen und Freundschaften. »Die Gäste haben uns Buben auf Tagestouren mitgenommen.« Hin und wieder organisieren die Hügle auch gemeinsame Busfahrten mit allen Gästen im Haus. »Das war die einzige Möglichkeit auch für uns Jungs, hier mal wegzukommen«, sagt Edwin Hügle und erinnert sich an seinen Bruder Edgar, der voller Stolz neue Gäste in seinem vermeintlich einwandfreien Hochdeutsch anspricht.

Mutter Lydia lacht: »Selbstsicher hat er uns erklärt, wo er sein Schriftdeutsch gelernt hat. – Seine Antwort: Hochdeutschlich ka i vu de Gäscht.«

TISCHKEGELN

Edgar wird Physiker, Edwin Koch. Mit seiner Frau Ulrika übernimmt er 1988 das Hotel. Und wieder rollen Baumaschinen vor das ehemalige Bauernhaus an der Steige in Steigen. Die Erwartungen der Gäste haben sich geändert. Nur zur Stärkung bleiben die Vorbeikommenden nicht mehr am Berg hängen. Mit 100 PS unter der Haube sind sie schnell woanders hingefahren. Die Feinschmecker suchen Anschluss an die internationale Küche. Nouvelle Cuisine ist angesagt.

Der junge Hügle hat sein Handwerk im Brenners in Baden-Baden und bei Eckart Witzigmann im Tantris in München gelernt. Er kommt aus den Edelküchen der Republik zurück nach Hause, seither pilgern die Feinschmecker wegen ihm, bzw. wegen seiner Küche, den Berg hinauf nach Steigen.

Für viele Stammgäste aus dem Ort ist dies zunächst ungewohnt. Statt günstigen Seeweins schenkt Ulrika Hügle bald auch edle Bordeaux-Weine aus, außer gebratenem Felchen serviert sie Loup de Mer.

Und doch: Wurstsalat und Bauernvesper gibt es noch immer. Vor allem jeden Mittwochabend. Denn verlässlich und unzweifelhaft stehen sie jeden Mittwoch punkt 20 Uhr im Hack: die Kegel-Damen von Steigen.

Großmutter Lydia Hügle steht gelegentlich in der Küche und hilft ihrem Sohn, dann rufen ihre Freundinnen: »Du bischt am Schießen!«

Aufgebaut im Nebenzimmer haben sie eine Tisch-Kegelbahn. »Die war schon im Haus, als ich kam«, sagt Lydia Hügle. Vor dem Ersten Weltkrieg hat ein Schreiner in Steigen die neun Kegel geschnitzt, den Holzkasten gebaut und die Bahn mit Filzstoff ausgelegt.

Professionell wägen die Keglerinnen ab, welchen Stock sie zum Schießen nehmen, und welche Holzkugel für sie die passende ist, um die neun kleinen Kegel zu Fall zu bringen. ›Riss‹, ›Kranz‹ oder ›alle Neune‹ sind ihre Ziele, ganz wie auf den Profibahnen. Doch die kann sich 1907 Georg Hack nicht leisten.

Das Tischkegelspiel hat der Steigener Schreiner am Hof in Heiligenberg gesehen und nachgebaut. Gegen eine kleine Gebühr vertreiben sich die Kutscher damit im Wirtshaus Hack ihre Zeit.

Auch die Kegel-Damen von Steigen kassieren Geld. Sie organisieren damit Vereinsausflüge und Turniere. Zum Auswärtsspiel fahren sie bis in die Goldstadt Pforzheim. »Aber Gold haben wir keines gewonnen«, freut sich noch heute Lydia Hügle über die ehemals langen Kegelnächte in ihrem Gasthaus.

Heute steht der alte Kasten verwaist in der Ecke. Zuerst springen die Männer ab, sie fahren zu den neuen vollautomatischen Kegelbahnen; dann die Jungen, sie kegeln in modernen Bowlingzentren.

Lydia Hügle sitzt mit ihren 85 Jahren noch immer in der Küche ihres Sohnes. Sie schält die Kartoffeln für den Kartoffelsalat, das hält sie wohl jung. »Nicht nur Kartoffelsalat, ich mache alle Salate!«, betont sie energisch.

Von ihren Kegel-Freundinnen wird sie nur noch selten gerufen. Die Damen werden in den vergangen Jahren immer weniger …

ULRIKA UND EDWIN HÜGLE

Zunächst scheint das Haus schlicht und vordergründig ohne großen Glanz. Das Restaurant Hack steht an dem Verbindungssträßchen von Frickingen hinauf nach Steigen. Früher soll darin so manch müder Wanderer aufgerichtet worden sein, heute wird der Feinschmecker mit internationalen Köstlichkeiten überrascht.

Ulrika und Edwin Hügle sind ruhige und bescheidene Wirtsleute, ihr Restaurant zählt zum Feinsten des Linzgaus. Wer hier einkehrt, freut sich Gast sein zu dürfen. Die Gäste werden von Ulrika Hügle persönlich begrüßt. Ohne Pathos, dafür herzlich und familiär.

Man sitzt zwischen hellen Möbeln, warmen Farben und perfekt eingedeckten Tischen. Die Gartenterrasse ist umrahmt vom Hobby des Küchenchefs: Rosen, die er selbst pflegt und Rosmarin und Thymian, den er züchtet. Dazu ein fast unbegrenzter Blick ins Grüne.

Edwin Hügle hält seit 1988 ununterbrochen seine Michelin-Auszeichnungen. Der Mann kocht klassisch, perfekt und immer mit einem Hauch Nouvelle Cuisine. In seinem Koch-Herzen ist er Franzose. Ehefrau Ulrika Hügle serviert dazu die passenden Gewächse aus dem Rhonetal oder dem Bordeaux.

KONTAKT /// **HOTEL RESTAURANT HACK** /// **ULRIKA UND EDWIN HÜGLE** /// **AM BÜHL 11** /// **D-88633 HEILIGENBERG-STEIGEN** /// **WWW.HOTEL-HACK.DE** ///

KELLER-PILS

LANDGASTHOF KELLER, ÜBERLINGEN-LIPPERTSREUTE
Ruth und Markus Keller

Gerhard Polt lehnt sich entspannt zurück. Der bayrische Kabarettist genießt die Ruhe im Biergarten des ›Landgasthof Keller‹ in Lippertsreute. Auf ihn wartet, im Rahmen des Überlinger Wort Menüs, ein Auftritt in der Festhalle des Überlinger Ortsteils Lippertsreute. Doch er gesteht dem Wirt Markus Keller: »Hier würd' i jetzt gern bleiben!«, und schielt auf sein leeres Bierglas. Dann legt Polt den Kopf in den Nacken und schaut nach oben, lächelt kurz und konfrontiert – in seinem bayrischen Dialekt – den badischen Wirt unvermittelt mit seiner Erkenntnis: »Gä, do unten ist ein Keller!« Dabei tippt er mit seinem Schuh auf den Kies unter seinen Sohlen.

Markus Keller schaut zunächst irritiert in die Wolken, dem Blick des Kabarettisten folgend. Polt hat in den Himmel gestiert und über seinen Keller unter ihnen, den es tatsächlich gibt, gesprochen. Nur, woher weiß der Bayer von seinem Kellergewölbe mit den Ausmaßen bis unter den Biergarten?

Polt sieht die Überraschung in Kellers Gesicht, sein Lächeln weicht einem siegesgewissen Strahlen, dann gibt er das Geheimnis um sein Wissen preis. Er hat nicht in den Himmel geschaut, sondern die weit ausladenden Äste des riesigen Kastanienbaums über dem Biergarten bewundert. Der Kastanienbaum hat ihn auf die Spur gebracht, dazu der Zusatz im Namen des ›Landgasthof Brauerei Keller‹.

Die Brauerei Geschichte hatte 1861 begonnen. Damals hatte Vorfahr Bernhard Keller in Lippertsreute die Brauerei gegründet und dafür einen großen Lagerkeller ausgehoben. Lippertsreute steht auf einem Sandsteinfels, der sich leicht ausgraben lässt. Noch heute ziehen sich die unterirdischen Kellergewölbe am großen Landgasthof vorbei bis weit unter den Biergarten, in dem Gerhard Polt sitzt.

Dass vor über 150 Jahren Bernhard Keller seinen Bierkeller bis unter die Füße des Kabarettisten gegraben hatte, das hat der Kastanienbaum Polt verraten. Denn Polt weiß: Der Kastanienbaum ist ein Breitwurzler, schadet somit in keiner Weise dem Kellergewölbe, spendet aber dem Erdreich darüber Schatten. Eine Weisheit, die der Mann aus seinen bayrischen Biergärten kennt.

In Zeiten ohne Strom war die Kühlung für die Brauer eine der aufwendigsten Arbeiten. Beim Bierbrauen werden Wasser, Malz und Hopfen vermischt und hocherhitzt. Nach mehreren Arbeitsschritten wird die Anstellwürze in einem Kühler auf die optimale Gärtemperatur abgekühlt. Obergärige Hefesorten vergären bei Temperaturen zwischen 18 °C und 24 °C, untergärige bei 8 °C bis 14 °C. Um auch im Sommer solche Temperaturen zu erhalten, haben die Brauer im Winter Eisplatten in die Kellergewölbe geschafft. 6 °C misst noch heute Markus' Keller zu jeder Jahreszeit in dem dunklen Gewölbe. Deshalb der Schattenschutz der Bäume, damit sich die Kellerräume bei Sonnenschein nicht aufheizen und den Brauern das im Winter herbeigeschleppte Eis nicht zu schnell schmilzt. Woher Gerhard Polt dies alles weiß? – Klar ist, dass der Bayer in Lippertsreute nicht in seinem ersten Biergarten unter einer Kastanie sitzt, und der Kabarettist, als kritischer Zeitgenosse bekannt, fragt nach. Denn Kastanienbäume gibt es in Bayern in jedem traditionellen Biergarten. Hier wurde das erste ›Märzen‹ gebraut. Dieses Bier leuchtete wie dunkler Bernstein, schmeckte nach Malz, ist süß und süffig und hat einen Stammwürzgehalt von 15 Grad. Um seine Haltbarkeit zu verlängern, schlagen auch die bayrischen Brauer neben ihren Brauereien bis zu zwölf Meter tiefe Keller in die Erde. In diesen lagern sie das Bier und bedecken es ebenfalls mit Eis, das sie im Monat März aus den noch gefrorenen Flüssen und Seen brechen. Deshalb nennen sie ihr Bier heute noch ›Märzen‹.

Im ›Landgasthof Brauerei Keller‹ findet der Name Keller-Pils seine doppelte Bedeutung. Doch mit dem Beginn des Zweiten Weltkriegs endet die Brauzeit in Lippertsreute. Der Braumeister zieht in den Krieg, die Kupfer-

Gartenwirtschaft heißt die Trinkhalle heute. Früher tranken hier die Gäste ihr original Keller-Bier, gebraut von der Familie Keller. Das Vesper brachten die Bauern mit.

kessel werden von der Wehrmacht beschlagnahmt, in den versteckten Kellern sollen Waffen der Friedrichshafener Rüstungsindustrie gelagert werden.

Trotzdem serviert Markus Keller auch heute noch ›Keller-Pils‹. Er bekommt es aus dem Keller der Brauerei Krone in Tettnang geliefert. Dort wird der Hopfen von dem einzigen Bio-Hopfenbauern der Region verarbeitet. Gerhard Polt sagt das Keller-Bio-Bier zu, trotzdem hat er kein weiteres mehr bestellt. Erst nach seinem Auftritt ...

24 STUNDEN WANDERN NONSTOP

Die Füße sind wund, die Köpfe heiß, der Körper ausgelaugt. ›Gartenwirtschaft‹ heißt das Ziel. Vorneweg marschiert gut gelaunt Markus Keller, der Wirt des ›Landgasthof Keller‹. Seine Frau Ruth hat zusammen mit ihren Kindern für die 50-köpfige Wandergruppe, die ihr Mann führt, angerichtet: Vesper, Bauernbratwürste, Wurstsalat sowie Keller-Pils und Seeweizen. Für viele die Rettung!

›Eine Schnapsidee‹, hatten zuvor die meisten Freunde die Einladung quittiert, mitmarschiert sind sie trotzdem. Markus Keller hatte eine ähnliche Tour schon hinter sich gebracht: 24 Stunden wandern nonstop. Start abends um 18 Uhr im Biergarten des Landgasthofs in Lippertsreute, Ankunft 24 Stunden und über 80 Kilometer später wieder in seiner Gartenwirtschaft. Noch nie wird die Gartenwirtschaft in ihrer 75-jährigen Geschichte vermutlich so glückliche Gäste aufgenommen haben, wie am Ende dieser 24-Stunden-Tour.

Der Landgasthof Keller – die gute Stube des Hauses, mit Kachelofen, Parkettboden und Holztäfern.

Dabei hat die ›Gartenwirtschaft‹ der Kellers schon viele beherbergt. Der hölzerne Bau wird 1867 als Trinkhalle neben dem Landwirtschafts- und Brauereigehöft, zusammengezimmert. Sechs Jahre nach der Gründung der Brauerei erhält Leo Keller die Erlaubnis zum Bierausschank. Die Gäste kommen, um das köstliche Gebräu zu genießen, das Vesper bringen die Leute selbst mit.

Erst eine Generation später, 1892, öffnet Fridolin Keller, der Urgroßvater des heutigen Wirts, Markus Keller, die Tür für die Erfolgsgeschichte als Gastwirtschaft. Jetzt müssen die Biertrinker nicht mehr in der Trinkhalle sitzen, sondern können gepflegt in der guten Stube des stattlichen Bauernhofes Platz nehmen. Und neu im Angebot: Die Kellers servieren, was sie als Bauern selbst produzieren.

»So hätt ich es heute noch gern«, sagt Markus Keller und grinst spitzbübisch: »Nichts schmeckt besser, als die Produkte des eigenen Hofs!« Dabei greift er zu den Bauernbratwürsten, die leicht angeraucht auf dem Tisch liegen. Seine Wanderkameraden haben sich mit Speck, Leber- und Blutwurst oder Wurstsalat und Schwartenmagen eingedeckt. Jeder beißt in die krosse Krume des hellen Bauernbrots. »Frisch gebacken«, freut sich Keller, »im Backhäusle nebenan.«

Wer sich auf den hölzernen Tischen der Gartenwirtschaft umschaut, erkennt, dass Markus Keller sein Vorhaben streckenweise längst umsetzt. Wie sein Urgroßvater serviert er zum Vesper, was er fast ausschließlich selbst aufgezogen und angerichtet hat. Selbst den Speck.

Markus Keller ist in erster Linie Koch. Aber Keller hat auch das Handwerk seiner Eltern als Landwirt mitbekommen. »Zum Schweinezüchter reicht's«, feixt er und zieht tatsächlich jedes Jahr ein Dutzend Schweine auf. Diese Tiere züchtet er artgerecht, lässt ihnen viel Auslauf und schlachtet sie ohne Stress nebenan im eigenen Schlachthäuschen. »Die Tiere haben ein schönes Leben bei uns, dann sollen sie auch stresslos scheiden, nur so schmeckt ihr Fleisch.«

Dabei zeigt Keller, dass er als Koch auch was vom Metzgerhandwerk versteht: »Wichtig ist, dass man warm wurstet, das Brät für die Leber-, Blut- und Bratwürste mit Zwiebeln und Knoblauch, Kräutern und Gewürzen ganz frisch anmacht, und dann ab in den Wurstkessel.«

Wo gibt es das noch? Ein Wirt, der seine Schweine selbst züchtet, selbst schlachtet und die Würste selbst raucht? – Dafür lohnt sich offensichtlich jeder Gang, auch 24 Stunden. Dieser Gewaltmarsch ist längst zur Tradition geworden. Immer im Juli lädt Markus Keller seine Wanderfreunde zu der 24-Stunden-Tour durch seinen Linzgau ein. Aber die charmante Wirtin Ruth Keller serviert die bäuerlichen Genüssen das ganze Jahr über allen Gästen, auch ohne rauchende Füße.

RUTH UND MARKUS KELLER

Die grüne Schnecke am weißen Revers von Kellers Kochmontur verrät seine Philosophie. Nur wenige verkörpern ihre Slow Food Mitgliedschaft wie er. Am liebsten würde er nur noch strikt regional kochen. Doch Markus Keller hat mit seiner Frau Ruth den Landgasthof längst in die gehobene Restaurantküche geführt. Mit der Anzahl der Feinschmecker wachsen auch die Begehrlichkeiten nach exotischen Gourmethappen. Trotzdem bleibt Keller seiner Linie treu. Seine Speisekarte strotzt vor regionaler Linzgau-Küche. Er wühlt nicht in alten Kochbüchern, sondern verarbeitet in seiner Küche einfach alles, was schon immer in den Bauernküchen serviert wurde. Ob Lamm oder Zicklein, Keller verkocht jedes Einzelteil. ›Nachhaltig kochen!‹, ist sein Ziel.

Wer das Gasthaus betritt, den beschleicht das Gefühl von Festtagen. Eine herrliche Linzgau-Stube, traditionell mit Holzvertäfelung und Kachelofen. In der Mitte der Wirtschaft der Stammtisch.

KONTAKT /// LANDGASTHOF KELLER /// RUTH UND MARKUS KELLER /// RIEDWEG 2 /// D-88662 ÜBERLINGEN-LIPPERTSREUTE /// WWW.LANDGASTHOFBRAUEREIKELLER.DE ///

TERRASSE MIT PANORAMASICHT

HOFGUT LUGENHOF, OWINGEN
Christian Klemm

Pech für Johann Wolfgang von Goethe. Er sitzt in der falschen Postkutsche, als er im September 1786 mit gefälschtem Namen als ›Maler Möller‹ nach Italien reist. Seine überhastete Abfahrt führt ihn von Karlsbad über Innsbruck direkt nach Verona. Auf dem Lugenhof bei Owingen kommt er somit nicht vorbei. Dabei ist der Lugenhof zu dieser Zeit ein internationaler Verkehrsknotenpunkt.

Goethe hätte sicherlich bewundernd von diesem phänomenalen Ausblick des Lugenhofs auf den Bodensee und das Alpenmassiv in seinen Aufzeichnungen geschrieben. Heute schwärmen die Gäste von Christian Klemm über diese atemberaubende Aussicht. Klemm führt in der ehemaligen internationalen Poststation ein Restaurant mit internationaler Küche. Christian Klemm ist ein Koch, der keine Grenzen kennt. Er führt als Gastwirt die Tradition des Lugenhofs fort. Das Anwesen veränderte sich in seiner Geschichte stetig. Auch Klemms Küche verharrt nicht. Zu lang ist der agile Koch im Ausland. Er schlemmt über asiatische Märkte und tingelt durch unzählige Garküchen, bis er schließlich Küchenchef im legendären Mandarin Oriental in Manila wird. ›Cross over‹ nennen die Kochexperten heute seinen Stil. Dabei verwendet Klemm Gewürze und Zutaten aus aller Herren Länder. Klemms Küche ist allem, was exotisch ist, geöffnet.

Küche und Restaurant sind im ehemaligen Herrenhaus des Hofguts untergebracht. Der stattliche Hof wurde einst von den Salmannsweiler Mönchen gegründet. Zunächst ist es ein Außenhof des Klosters. Hier wird das Feld rund um das Anwesen bestellt, die Ernte im Kloster abgeliefert.

1777 öffnen sich die Türen zur Welt. Der Lugenhof wird zur Poststation für die ›Vorderösterreichische Postanstalt in der Reichsabtei Salmannsweiler‹. In dieser Zeit herrscht im Lugenhof, fast wie heute, ein reges Kommen und Gehen.

Der Lugenhof ist im 18. Jahrhundert ein internationaler Verkehrsknotenpunkt, wie heute das Singener Kreuz im Netz der Bundesautobahnen. Wer von Wien nach Freiburg oder weiter nach Paris reist, macht oberhalb des Bodensees im Linzgau Station. Hier werden die müden Postpferde umgespannt, hier finden die Mitfahrer Herberge.

Die Herrschaften schlafen in Strohbetten, die Kutscher im Stall. Zu Essen wird den Gästen serviert, was Feld und Stall bieten. Die Kutscher und Pferdeknechte bekommen, was übrig bleibt. Zu trinken gibt es Wein aus dem nahegelegenen Kloster, für die Knechte Most. Die Gäste sind meist höher gestellte Persönlichkeiten. Einfache Landfahrer oder Handelsreisende können sich ein Billet in der gefederten Postkutsche nicht leisten.

Die ersten Gastwirte des Lugenhofs werden von der Reichsabtei Salmannsweiler gestellt. Christian Klemm hat seinen Wirte-Vertrag vor Jahren mit dem Golfclub Owingen ausgehandelt. Seine Gäste fahren heute nicht mehr mit der Kutsche vor. Vier Pferde im Gespann reichen den noblen Sportlern nicht. Sie fahren schnelle Sportautos oder großzügig motorisierte SUVs. Im Heck des Wagens liegt der Golfsack.

Christian Klemm hält als Koch noch an mancher Tradition des Hofguts aus der Postkutschenzeit fest. Er ist in Ludwigshafen am Bodensee aufgewachsen, hat im ›Feldberger Hof‹ im Schwarzwald sein Handwerk klassisch gelernt und schwärmt heute noch von der Kochkunst seiner Oma Marie Kaiser. »Die kochte ganz traditionell, ausschließlich Badisch!«, erinnert er sich gern an ihre Sonntagsgerichte.

Marie Kaiser wohnt in Waldshut und gehört dort einer gestandenen badischen Familie an. Ihr Urgroßvater Herbert Kaiser mag alles gewesen sein, nur kein Kaisertreuer. Er ist einer der badischen Revolutionäre! Er schließt sich 1848 dem Heckerzug in die vermaledeite Residenzstadt Karlsruhe an. Doch auch er ändert den Lauf der Geschichte nicht. Das tragische Ende bei Kandern überlebt er nicht.

»Die Oma hat uns Burschen manchmal erzählt, was sie von ihrem Vater wusste«, aber dann winkt Klemm ab, »das ist alles viel zu lang her.« Zügig kommt er zum Thema: »Die Rezepte der Oma, die kenn ich in- und auswendig.« Badische Schäufele, Badische Schneckensuppe oder in seiner Verbundenheit zu Konstanz: Felchen Konstanzer Art. Sicher haben auch die Gastwirte im Lugenhof schon vor ihm eingemachtes Kalbfleisch, Wiener Gulasch oder Badische Kalbsnierle ihren Reisenden angeboten. Traditionelle Gerichte, die Klemm heute vor allem in den Herbstmonaten auf seine Speisekarte setzt.

Es ist ein Glück für die Feinschmecker unter den Golfspielern, die heute Besitzer des Gutshofs sind. Klemm bekocht die Sportler nicht nur mit der traditionellen Badischen Küche, sondern – gerade im Sommer zur Spielzeit – auch mit seinen raffinierten, leichten Thaispezialitäten.

Die Golfer haben Ende der 1990er-Jahre den Hof samt den Liegenschaften dem Markgrafen von Baden abgekauft. Er hatte das Hab und Gut der

Salmannsweiler Mönche während der Säkularisierung übernommen. Von 1905 bis 1987 wird der Lugenhof von mehreren Generationen der Familie Bucher als landwirtschaftlicher Betrieb geführt.

Wer heute das Restaurant in dem Herrenhaus betritt, fühlt sich wie bei einem Großgrundbesitzer zur Jahrhundertwende auf Besuch. Dunkle Dielen knarren unter den Sohlen, edle Stuckarbeiten zieren die Decke, der Kachelofen wärmt wohlig, eine lange Holzbank lädt zum Sitzen ein und die hölzernen Täfelung entlang der Wände zum gemütlichen Zurücklehnen.

Wo heute die Theke steht und davor ein runder Tisch zum Apero lockt, waren bis vor wenigen Jahren noch die gute Stube des Hofverwalters und sein Büro.

Golfclub und Christian Klemm haben bewusst das Flair des Herrenhauses erhalten. Es ist der Mittelpunkt des Hofgutes bzw. heute des Golfclubs. Es scheint sich im Haus wenig verändert zu haben, außer, dass es heute jedem offen steht.

Vor dem Haus führt längst keine Fernstraße mehr vorbei. Das Areal des Golfclubs ist verkehrsberuhigt. Was besonders die Gäste auf der Terrasse freut. Mit diesem phänomenalen Ausblick auf den Bodensee und das Alpenmassiv.

Man sollte den Fehler Goethes wirklich nicht wiederholen.

VOM BAUERN ZUM GREENKEEPER

Wer im Restaurant des Lugenhofs sitzt, blickt unvermittelt neben dem Kachelofen auf eine stattliche Ansammlung verschiedener Spirituosen. Darunter klare Schnäpse, teure Edelbrände, reiner Tresterbrand oder brillante Cognacs. Doch unter all den Flaschen ragen mehrere einheitliche Etiketten hervor, die sich stark ähneln. Offensichtlich sind sie alle von ein und demselben Brenner. Christian Klemm, der Wirt, greift nach einem von ihnen. »Williams oder Kirsch?«, fragt er und schenkt sich selbst einen Williams ein. »Unsere Hausmarke«, erklärt er stolz, »von meinem Freund Sigi. Hier im Lugenhof gebrannt.«

Früher gab es im Linzgau in jedem Bauernhaus Most. Wer ein paar Apfelbäume hatte, ließ den Apfelsaft im Keller vergären. Most wurde nicht nur am Bodensee schon lang vor Christus gepresst. Die Kunst aber, aus dem Most Schnaps zu brennen, ist noch keine 1.000 Jahre alt. Dafür muss man den Alkohol aus der Maische trennen. Dies ist nur durch die Destillation möglich. Das thermische Trennverfahren hat den Vorteil, dass keine weiteren Stoffe hinzugefügt werden. Das Kondensat ist rein.

Eine noble, badische Gast-Stube, die Birdie-Stube des Golfclubs Owingen, mit Kachelofen und herrschaftlicher Markgräflicher Geschichte.

Siegfried Bucher fährt mit dem Finger kurz durch den Abtrieb, dann steckt er ihn in den Mund und schleckt ihn ab. »Ich brenne nur einmal, nur einen Abtrieb und der muss stimmen«, sagt er. Alles andere ist für ihn unbefriedigend. »Früher, da musste man zum Teil zwei Mal brennen, aber heute …«, dabei zeigt er auf seinen Brennofen. »Heute mit den modernen Brenngeräten ist mit dem ersten Abtrieb beste Qualität zu erreichen.«

Christian Klemm steht in der kleinen Brennerei hinter dem stattlichen Herrenhaus neben Siegfried Bucher. Er freut sich über den neuen Schnaps und stößt mit ihm und einem Glas von Siegfried Bucher an.

»Da oben bin ich geboren«, sagt Siegfried Bucher und zeigt auf das obere Stockwerk des Lugenhofs. Er ist der letzte Landwirt des Hofguts. Sein Großvater hat 1905 den Hof vom Markgrafen in Pacht übernommen. 1938 übernimmt sein Vater, 1971 er.

Sigfried Bucher veredelt die Früchte der Obstbäume des Golfclubs in der hauseigenen Brennerei. Küchenchef Christian Klemm serviert seine Brände im Restaurant des Golfclubs.

Siegfried Bucher bearbeitet rund 50 Hektar Land, hält Milchkühe, dann Schweine. Die Zeiten sind für Landwirte nicht leicht. Der Pachtzins muss erarbeitet werden. Ende der 1980er-Jahre redet der markgräfliche Verwalter zum ersten Mal von einem Golfplatz statt der Landwirtschaft.

»Dann kam eine Zeit des Denkprozesses«, sagt Siegfried Bucher heute. Schließlich stimmt er zu und wird Greenkeeper, auf gut deutsch: Platzwart.

»Das Brennrecht war aber noch da«, freut er sich, »das gehört zu Haus und Hof, das hat der Golfclub mitgekauft.« Die Obstbäume stehen verteilt auf dem Platz. Apfel, Birne, Kirsche oder Zwetschge. Diese Arbeit hat sich nicht geändert. Siegfried Bucher sammelt die Früchte ein, nimmt nur die besten und verarbeitet sie sofort zu Maische.

»Das habe ich von meinem Großvater und meinem Vater«, sagt er, »man muss absolut sauber arbeiten und vor allem nur bestes Obst verwenden. Die Birnen darf man keinen Tag lagern. Das Obst gibt die Arbeitszeit vor.«

Siegfried Bucher ist Landwirt geblieben. Ihm gefällt der Rhythmus der Natur. Bescheiden winkt er ab, wenn man ihn nach seinen Ergebnissen fragt. Schnaps oder Edelbrand? Er lacht: »Probieren Sie einfach.«

Rund 200 Flaschen füllt Bucher jährlich ab. Je nach Saison sind mal die Kirschen oder die Birnen besser. »Ich selbst empfehle meist den sortenreinen Williams«, sagt er, »wenn man ihn noch ein bisschen in einem Fass reifen lassen würde, dann wär's auf jeden Fall ein Edelbrand.«

Der ehemalige Lugenhof-Landwirt Siegfried Bucher ist der Schnapsbrenner des Lugenhofs geblieben. Wenn er abends in seine Wohnung nach Salem geht, sagt er: »Ich gehe nach Hause.« Wenn er von zu Hause auf den Lugenhof fährt, sagt er: »Ich gehe heim.«

Christian Klemm schenkt nach. »Dafür sind wir jetzt Clubkollegen«, hebt er das Glas. Als Bucher Greenkeeper wurde, hat ihm der Club geraten: »Wenn du unser Grün pflegst, solltest du auch darauf spielen können.«

Heute hat Siegfried Bucher dafür Zeit. Jetzt ist er in Rente. Nur Schnaps brennen, das wird er weiter.

Christian Klemm ist es recht. Er hat eine feine Zunge und schätzt edle Brände. »Drum empfehle ich meinen Gästen dem Sigi seinen Willi!«

CHRISTIAN KLEMM

Phänomenal sind nicht nur dieser Blick über den Bodensee und die Einrichtung des herrschaftlichen Restaurants. Ebenso verblüffend ist immer wieder die Speisekarte des einfallsreichen Kochs und Gastwirts Christian Klemm. Dabei gibt es meist nicht nur, was er auf der Tageskarte stehen hat, manchmal kommt der Küchenchef ganz hemdsärmelig zu den Gästen und berät sie persönlich.

Klemm ist spontan, intuitiv und überaus gesellig. Er versteckt sich nicht hinter seinen Kochtöpfen, sondern sucht den Kontakt zu seinen Gästen, wie es sich für einen Wirt gehört. Er weiß, was er frisch in seine Küche geliefert bekommen hat. Es fällt ihm leicht, schöpferisch mit seinen Kunden daraus ihr persönliches Menu zu kreieren.

Christian Klemm, Porschefahrer und Golfspieler, gibt auch in seiner Küche Gas. Meist lädt er zu einer kulinarischen Weltreise ein: Garnelen mit Tagliatelle lassen die Gäste von Italien träumen; Thunfisch vom Grill mit Sesam, Wasabisoße, Limone und gegrilltem Gemüse erinnern an Fernreisen und asiatische Strände; oder Demeter-Blattsalate mit gebeiztem Lachs und Ziegenfrischkäse für Daheimgebliebene.

VOM ORDENSMEISTER ZUM KÜCHENMEISTER

ROMANTIK HOTEL JOHANNITER-KREUZ, ÜBERLINGEN-ANDELSHOFEN
Andreas Liebich

Sie tragen einen roten Mantel, darauf gestickt ein weißes Kreuz. Ihr Name leitet sich von Johannes dem Täufer ab. Viele sind adlige Ritter, an der Spitze des Johanniterordens stehen ihre Meister.

Wer heute im Hotel Johanniter-Kreuz in Andelshofen einkehrt, glaubt, ein Fluidum aus jener vergangenen Ritterzeit zu erhaschen. Doch das Traditionshaus ist von Grund auf neu gestaltet und Andreas Liebich, der Hausherr, ist zwar ein Meister, aber nicht im Orden der Johanniter, sondern in seiner Küche: »Bis in die 1970er-Jahre hieß unsere Gastwirtschaft Gasthaus Kreuz, bis dahin war es eine kleine Bauernwirtschaft. Alles, was sie heute sehen, haben meine Großeltern und Eltern geschaffen.«

Andreas Liebich trägt zwar kein weißes Kreuz, aber als Koch eine weiße Kochmontur. Seine Speisekarte erinnert manchmal an die überlieferten Gerichte der Ordensmänner in ihren Kutten. Aus der alten Weizensorte Graupen zaubert Andreas Liebich heute ein zeitgemäßes Graupenrisotto, aus dem klassischen Kürbis eine schmackhafte Suppe oder aus den fast vergessenen Pastinaken ein raffiniertes Gratin.

1239 wird der kleine Flecken Andelshofen erstmals erwähnt. Der Ort gehört dem Johanniter-Orden. Mit der Säkularisierung werden die wenigen Höfe der Markgrafschaft Baden zugeschlagen. Die Johanniter finden Zuflucht in Überlingen im Salmannsweiler Hof. Noch dürfen sie ihre Felder beim heutigen Hackenweiler Hof vor Lippertsreute bewirtschaften. Auf dem Weg dahin kehren sie im heutigen ›Johanniter-Kreuz‹ ein. ›Taverne der Johanniter‹ heißt das Johanniter-Kreuz damals. Andreas Liebich verweist gern auf die letzten Spuren der Ordensmänner.

Der Wirt führt seine Gäste in das große Restaurant. Hier sind die Stallungen gewesen. »Wo heute die Tische stehen, haben die Johanniter ihre Pferde festgemacht«, weiß er und zeigt auf alte Eisenbeschläge in den schweren, dunklen Balken des Restaurants. Stolz fügt er hinzu: »Das war der Gästestall, alles original!«

Das ist seinem Vater Egon zu verdanken. Egon-Oskar Liebich übernimmt 1972 mit seiner Frau Jutta das Gasthaus Kreuz. Bis dahin ist es ein ganz normaler Landgasthof. Andreas' Großvater, Oskar Liebich und Ehefrau Sophie, sind in erster Linie Bauern, nebenbei betreiben sie die Dorfwirtschaft, so wie es in jener Zeit in jedem Ort üblich ist.

Vier Tische stehen vor dem Tresen, wo heute im Schankraum eine lange Theke steht. Dazu gibt es einen Saal, in dem die Dorfbewohner ihre Hochzeiten feiern, das Weihnachtstheater spielt hier, und die Vereine laden zu ihren jährlichen Hauptversammlungen in das Kreuz.

Der Sohn Oskar Liebichs, Egon-Oskar Liebich, ist ein weitsichtiger Mensch. Er hat Großes vor und verwandelt die kleine Wirtschaft zu dem heutigen stattlichen Hotel. Dabei zeigt Egon Liebich seine Stärke als echter Gastwirt. Er will die gastliche Tradition pflegen und dies auch in einem neuen Gebäude demonstrieren. Es ist die Zeit, in der die Architekten mit Sichtbeton, großflächigen Fenstern und geometrischen Körpern der neuen Funktionalität frönen. Doch Egon Liebich setzt auf gewachsene Gasthaus-Tradition.

»Nächtelang saß er mit seinem Freund Hermann Welte über Bauplänen. Die beiden redeten sich die Köpfe heiß«, erinnert sich seine Ehefrau Jutta Liebich. Hermann Welte hat im nahen Überlingen ein Raumausstattungsunternehmen gegründet, in der Freizeit geht er zur Jagd. Danach kommt er meist bei Egon Liebich vorbei und lässt sich die Rehleber braten. Er rät ihm, den jungen Architekten Kolberg aus Überlingen zu beauftragen. Gemeinsam restaurieren sie behutsam das alte Bauernhaus und wandeln es zu einem modernen Hotel um.

Wer heute in dem Restaurant sitzt, erfährt die Identität des Originals. Im offenen Kamin knistern die Buchenholzscheite, der Rauch zieht über den ehemaligen Heuaufzug über die Tenne ab. »Nachts knistern manchmal die alten Balken«, warnt Andreas Liebich seine Gäste. Doch den meisten gefällt gerade dieser anheimelnde Spuk.

Egon Liebich gestaltet sein neues Hotel großzügig. Die ersten Gäste spotten über die einladende ›Kirchenflügeltür‹ zum Wirtshaus. Früher war hier ein ebenso hohes Scheunentor. Dank solcher Details fühlen sich die Gäste heute im Johanniter-Kreuz schnell wohl und geborgen.

Das neue Ensemble verströmt gewachsene Tradition. Der Umbau schafft generös den Spagat zwischen stattlichem, bäuerlichem Anwesen und charmantem, modischem Hotel.

Die Geschichte Andelshofens sowie die Tatsache, dass das Stammhaus ein Hof der Johanniter ist, schaffen nach dem Umbau aus dem Gasthaus Kreuz über Nacht das Hotel Johanniter-Kreuz. »Es gab einfach zu viele Gasthäuser mit dem Namen Kreuz«, verrät Jutta Liebich, »da mussten wir uns absetzen.«

Die Wirte-Familie Liebich bekennt sich mit der Namensnennung zu der Geschichte ihres Anwesens weit vor ihrer Übernahme. 1913 kauft Adelbert

Liebich das Gehöft und eröffnet in der ehemaligen ›Taverne der Johanniter‹ sein Gasthaus Kreuz. Zwei Generationen später wird daraus ein Hotel, 2000 übernimmt Andreas Liebich in der dritten Generation das stattliche Romantik-Hotel Johanniter-Kreuz.

Andreas ist der natürliche Erbe. Er ist aus dem gleichen Holz geschnitzt wie seine Vorfahren. Schon als Kind inhaliert er die Wirtshausluft, am liebsten den verführerischen Duft der Küche. Oma Sophie verwöhnt ihn gern, sie erkennt in ihm einen kleinen Gourmet. Seine feine Zunge hat er wohl von ihr geerbt, das Wirtsblut von Großvater Oskar und Vater Egon-Oskar.

Während sein Vater Egon Liebich die für die 70er-Jahre typische Hausmannskost serviert: Braten und Zigeunerschnitzel, aber auch schon zeitgemäß Cordon bleu und nach Pariser Chic Chateaubriand medium rare mit selbstgemachter Kräuterbutter oder Sauce Béarnaise, führt Andreas Liebich später die Küche des ›Johanniter-Kreuz‹ endgültig in die gehobene Gourmetwelt. Er schenkt dem Traditionshaus einen Hauch Nouvelle Cuisine.

»Ich werde Koch!«, entscheidet sich Andreas schon früh. Zu Hause muss er zunächst im Service mitarbeiten, um später als Gastwirt mit den Gästen leicht parlieren zu können. Er lernt, wie in allen Wirtsfamilien üblich, mit Respekt und Achtung den Gästen gegenüberzutreten, und er sieht bei seinem Vater die Wertschätzung, die ihm als Gastwirt entgegengebracht wird.

Andreas Liebich geht seinen Weg. Er wird Koch in den feinsten Sterneküchen des Landes. Erreicht hohe Auszeichnungen und bleibt doch seinem Johanniter-Kreuz in Andelshofen verbunden. 2013 darf er als Andreas-Oskar, der vierte Johanniter-Kreuz-Wirt von Andelshofen, das Hundertjährige Jubiläum des Familienbetriebes feiern.

Wenn der heutige Küchenchef seine obligatorische Begrüßungsrunde durch sein Restaurant geht, reicht er vielen Gästen wie alten Freunden die Hand. Wenn er als Wirt am offenen Kamin noch ein Scheit Holz auflegt, und die Flammen seinen Schatten an die rustikalen Wände werfen, lodert ein Stück Geschichte in der ehemaligen Johanniter-Taverne auf. Andreas Liebich ist kein Großmeister des Ordens, dafür einer der besten Küchenmeister des Linzgaus und ein Gastwirt, wie es zu Zeiten der Johanniter wohl noch üblich war.

KÖNIGLICHE GÄSTE LIEBEN WIENER SCHNITZEL

Andreas Liebich führt das Johanniter-Kreuz in neue Sphären. Er ist ein engagierter Gastwirt sowie leidenschaftlicher und kreativer Koch. Einer der ersten, der am Bodensee Sushi serviert oder extravagante vegetarische Menüs formt. Doch ihm liegen auch die typischen, regionalen Klassiker am Herzen. Selbst das altbekannte Wiener Schnitzel brät er nach allen Regeln der traditionellen österreichischen Kochkunst.

Einer der größten Fans des Wiener Klassikers ist ein Scheich der königlichen Familie Saudi-Arabiens. Wann immer der Mann aus dem Morgenland Liebichs Küche besucht, bestellt er dieses sagenhafte Wiener Schnitzel à la Liebich. Wie er zu seinem Lieblings-Schnitzel findet, ist eine ganz eigene Geschichte.

Das Anwesen der Familie Liebich nimmt über die Generationen Gestalt an. Jeder Patron hat zu seiner Zeit das ehemalige bäuerliche Gasthaus nach dem jeweiligen Bedarf erweitert: Adelbert Liebich kauft 1909 das Anwesen und eröffnet 1913 das Gasthaus. Oskar Liebich baut 1958 eine Kegelbahn hinzu und eine Bauernstube aus. Aber als größter Baumeister der Wirtsfamilie stellt sich Egon Liebich heraus, der Vater des heutigen Patrons Andreas Liebich.

Nach dem Umbau der ehemaligen Scheune und der Stallungen und der Erweiterung zum Hotel mit 14 Gästezimmern 1976 (siehe oben), wagt Egon Liebich 1991 noch einmal eine große Planung. Er baut das Haus LUISENHÖHE mit zusätzlichen Hotelzimmern, verbindet dieses mit einer großzügigen Lobby und einer weitläufigen Terrasse mit dem Stammhaus.

»Da hat mein Mann wieder einmal geklotzt«, urteilt seine Frau Jutta noch heute. »Mensch, Egon, muss es denn so groß sein?«, zweifelt sie. »Ich habe immer die Rieseninvestitionen gesehen«, erinnert sich die ehemalige Kauffrau. Doch schmunzelnd erzählt sie vom glücklichen Ende dieses großen Bauabschnitts und somit auch vom neuen Schnitzelfan der Liebich-Küche.

Denn kaum steht das stattliche Hotel in seinen heutigen Ausmaßen, klingelt das Telefon. Ein Herr aus London ruft an und fragt nach Suiten und Zimmern. Nach einigem hin und her meldet sich der Unbekannte zum Besuch an.

Schon am nächsten Tag ist er eingeflogen und fährt mit einem noblen Wagen vor. »Der wollte gleich das ganze Haus mieten«, erinnert sich Jutta Liebich. Doch dann setzt er seine Erkundungstour fort, nachdem Egon Liebich ihm freizügig vom Inselhotel in Konstanz und dem Schachener Hof in Lindau erzählt hat.

Am Abend aber steht der Mann aus London wieder da, jetzt bucht er endgültig. Er will alle Suiten und Zimmer für einen ganzen Monat reservieren. Die anvisierte Buchung ist im Januar.

Die Liebichs schlucken, aber sie wissen aus Erfahrung: zu dieser Jahreszeit ist wenig Betrieb. Also sagen sie kurz entschlossen zu, fragen zunächst unsicher nach, für wen der unbekannte Herr denn das ganze Haus mieten will?

Der geheimnisvolle Besucher gibt sich als ein Mittelsmann zu erkennen. Er buche im Auftrag der königlichen Familie Abdallah bin Abdulaziz Al Saud, der königlichen Familie von Saudi-Arabien.

Die Liebichs sagen nun erst mal gar nichts mehr. Selbst Senior Egon Liebich ist baff! Er weiß, mit dem König von Saudi Arabien wird sich in seinem familiären Hotel einer der reichsten Männer der Welt einquartieren.

Doch bevor es soweit ist, kommen noch einige Leute nach Andelshofen zur Inspektion. Selbst Küche und Keller wollen sie sehen, schließlich fährt noch eine verhüllte Prinzessin vor.

»Aber dann, schon Tage vor der offiziellen Ankunft der königlichen Familie fuhr ein Lastwagen bei uns auf den Hof«, erzählt Jutta Liebich, »schwarze Männer luden Kleider und Möbel aus; jetzt war es endgültig klar: Der König von Saudi-Arabien zieht mit seinem ganzen Hofstaat in Andelshofen ein!«

Mit der Königsfamilie als Gäste ändert sich der Tagesablauf im Johanniter-Kreuz radikal. Der Sekretär des Königs diktiert die neuen Abläufe und natürlich Allah. Denn es ist der neunte Monat des islamischen Mondkalenders und somit Ramadan, der Fastenmonat.

Doch Fastenzeit, das heißt für Moslems nicht geschlossene Küche. Kaum geht die Sonne unter, bekommt Andreas Liebich mit seinen Köchen richtig zu tun. Die königliche Familie und auch alle Berater, Diener, Kindermädchen oder Bodyguards halten sich streng an die Ramadan-Regeln. So lang es hell ist, essen sie nicht! Doch kaum kündigt sich der Sonnenuntergang an, fordern sie alle gleichzeitig die volle Aufmerksamkeit. Dann wollen sie in ihren Suiten und Zimmern mit feinsten Köstlichkeiten bedient werden.

»Kein Schweinefleisch, keine Wurst, kein Schweinfett in der Küche! Daran sollte man sich schon halten«, sagt Andreas Liebich, der das Vertrauen der gesamten Königsfamilie schnell gewinnt. »An Ruhetagen habe ich deren Koch in meiner Küche werkeln lassen. Nur wenn wir parallel unsere Gäste bekochten, war es manchmal schon sehr hektisch und vor allem zeitaufwendig.«

Schließlich steht Andreas Liebich schon morgens um fünf Uhr in seiner Küche. Denn die Gäste wollen alle ihr Frühstück vor Anbruch des Tages einnehmen. Arabisches Kräuteromelett ist noch die am schnellsten zuzubereitende Variante, die Liebich serviert. Zusätzlich stehen geba-

Der Herrgottswinkel gehört zu jeder traditionellen Bauernstube im Linzgau, mit typischem Lampenschirm.

ckene Käsefladen libanesische Art oder Mamounieh Aleppo – gerösteter Grießbrei mit Käse, ein libanesisch-syrisches süßes Frühstück auf den Wunschzetteln. »Nur ein Ei mit Brötchen ist da nicht«, erfährt Andreas Liebich. »Aber es war eine spannende Zeit.«

Offensichtlich gefällt es den Gästen im Johanniter-Kreuz. Der 14-jährige Prinz ist für vier Wochen in der Buchinger Klinik. Obwohl die Zeit rum ist, beschließt der König zu verlängern.

Der Hofstaat wechselt seine Dienerschaft, Berater kommen und gehen, neue Kleider werden eingeflogen. Die Prinzessinnen bestellen in London und New York. Die Dienerschaft schleppt alles an.

Eine der Prinzessin freundet sich mit Jutta Liebich an. Jutta Liebich hat einige Gobelins im Hotel hängen, die sie selbst gestickt hat. Der Prinzessin gefallen die Wandteppiche, sie geht bei Jutta Liebich in die Lehre.

Und Andreas Liebich kocht derweil unentwegt weiter. Er kocht in der Zwischenzeit die arabische Speisekarte hoch und runter. Er versteht sich blendend mit den Köchen des Königs. Sie wollen von ihm wissen, wie man regionale Bodenseespezialitäten anrichtet, er, wie ein perfektes arabisches Bulgur–Pilaw, arabischer Honig-Lammbraten oder Falafel mit arabischem

Nicht umsonst ein Romantik-Hotel: Romantisch und verträumt, immer mit offenem Feuer, das Restaurant Johanniter-Kreuz, wo einst die Johanniter ihre Pferde unterstellten.

Couscous gekocht wird. Aber vor allem interessiert sich der königliche Koch für das Rezept des Wiener Schnitzels, das sein Scheich so liebt.

Andreas Liebich schenkt dem arabischen Kollegen sein Rezept, Wiener-Schnitzel a la Liebich: Er mahnt immer nur ein gut abgehangenes Kalbfleisch zu nehmen, schneidet zwei hauchdünne Scheiben heraus, bestäubt sie mit etwas Mehl und brät sie in Butterschmalz goldbraun. Mit Zitrone, Kapern und Sardellen soll der Koch es zu Hause seiner Königlichen Hoheit servieren.

Doch das Wiener Schnitzel scheint in Riad, dem Königssitz in Saudi-Arabien, auch mit Liebichs Original-Rezept nicht so gut zu schmecken, wie bei Andreas Liebich in Andelshofen. Denn der Scheich ist heute Stammgast im Johanniter-Kreuz. Wann immer er die Buchinger Klinik besucht, kehrt er zuvor im Johanniter-Kreuz ein und bestellt trotz verführerischer Speisekarte immer nur das eine: Wiener Schnitzel!

Mutter Jutta Liebich erinnert zum Ende dieser Geschichte an ihren Mann Egon, der vor einigen Jahren verstarb. Versöhnlich schließt sie die Story mit Egon Liebichs Satz, den er sagte, nachdem der Vermittler aus London sich entschieden hatte, die königliche Familie in ihrem Johanniter-Kreuz einzuquartieren: »Siehscht, Jutta, ohne den großzügigen Umbau wären die Königs nie zu uns gekommen!«

ANDREAS LIEBICH

Es gibt zwei Eingänge in das Hotel. Der eine Weg führt in eine großzügige, moderne Lobby, der andere direkt in eine urige, gemütliche Gastwirtschaft. Der Ankömmling hat die Wahl: Im Kaminzimmer lodern die Holzscheite, im Wintergarten locken die Sonnenstrahlen, in der Bauernstube eine heimelige Atmosphäre und auf der Terrasse laden sonnige und schattige Plätze ein. Doch gleichgültig für welchen der Räume sich der Besucher entscheidet, er ist Gast bei Andreas Liebich und wird von ihm bekocht.

Andreas Liebich ist ein Gastwirt, wie man sich ihn in einem Landhotel wünscht. Leger kommt er jedem Wunsch der Gäste entgegen. Er macht nicht viel Federlesens aus seiner natürlichen Gastfreundschaft, sie scheint ihm in die Wiege gelegt. Eher freundschaftlich führt er das stattliche Hotel. Im Johanniter-Kreuz kann der Gast ausspannen.

Spannend und für Gourmets geradezu reizvoll ist es, wenn der Gastwirt Liebich die neue Tageskarte des Küchenchefs Liebich ausgibt. Liebich ist ein Koch mit besonderen Talenten. Seine Gerichte bieten immer einen Hauch Nouvelle Cuisine. Am besten, man ruft nach dem Wirt und lässt dann den Koch kochen …

KONTAKT /// ROMANTIK HOTEL JOHANNITER-KREUZ /// ANDREAS LIEBICH /// JOHANNITERWEG 11 /// D-88662 ÜBERLINGEN-ANDELSHOFEN /// WWW.JOHANNITER-KREUZ.DE ///

TRADITION MIT CAP UND KINNBART

HOTEL RESTAURANT BÜRGERBRÄU, ÜBERLINGEN
Simon Metzler

Über den Dächern von Berlin beraten die drei über die Zukunft eines der schönsten Gasthäuser von Überlingen. Seit 1812 wird im Bürgerbräu ›im Dorf‹, der Kurstadt am Bodensee, Bier ausgeschenkt und Essen aufgefahren. Doch wer soll dies in dem historischen Fachwerkhaus in Zukunft tun? Manfred und Monika Metzler führen das historische Haus seit 1970. Jetzt, Anfang 2000, muss für sie ein Nachfolger gefunden werden.

Vater Manfred Metzler sitzt seinen beiden Kindern gegenüber. Saskia ist Hotelfachfrau, Simon Koch. Aus dem 14. Stock des exklusiven Berlin-Restaurant Hugos sehen sie die Hauptstadt: den markanten Fernsehturm am Alex, das Sony-Center am Potsdamer Platz mit seiner kühnen Zeltarchitektur, die goldene Viktoria auf der Siegessäule. Doch das Thema der drei ist Überlingen, das Dorf, die Familientradition.

Zunächst scheint es, als will keines der beiden Kinder in die elterlichen Fußstapfen treten, aber dann steigen Tochter und Sohn doch noch in die Gastronomie ein. Und dazuhin beide sind recht schnell erfolgreich. Saskia ist Hotelfachfrau und Weinakademikerin in Berlin, Simon ein anerkannter und ausgezeichneter Küchenchef ebenfalls in der Bundeshauptstadt. »Deshalb musste ich ja nach Berlin, um die Nachfolgeregelung zu Hause zu klären«, erzählt Manfred Metzler von seiner Mission.

Doch die Geschwister sind sich an jenem denkwürdigen Abend schnell einig. Saskia hat schon andere Pläne und will studieren, ihr Bruder Simon, soll die Familienwirts-Tradition in Überlingen weiterführen. »Es war für mich an der Zeit, nachdem ich lang genug getingelt bin, wollte ich endlich mein eigenes Restaurant führen«, sagt erBis zum Abitur weist Saskia die Rolle der Hotelerbin weit von sich. »Lieber gehe ich zur Müllabfuhr«, provoziert sie ihre Eltern. Dann aber macht sie ein Praktikum in einem Londoner Hotel und wird schließlich doch Hotelfachfrau.

Auch Simon will als Junge nichts von dem elterlichen Wirtshaus-Geschäft wissen. Selten lässt er sich in der Gaststätte blicken, schon gar nicht in der Küche. Gutes Essen weiß er zwar zu schätzen, aber wie dies sein Vater anrichtet, interessiert ihn wenig. »Bis ich in der Schule keinen Bock mehr hatte«, schildert er seinen Lebenslauf, »dann musste ich mich entscheiden.«

Das Bürgerbäu ›im Dorf‹ von Überlingen in den 1960er-Jahren – viel geändert hat sich äußerlich nicht.

Stefan Marquard ist zu jener Zeit der Trendkoch am Bodensee und Stammgast bei Manfred Metzler in seinem Bürgerbräu.

Auch Manfred Metzler zählt zu seiner Zeit am See zu den innovativsten Küchenchefs. Und er weiß, wenn sein Sohn Koch werden soll, dann muss er bei einem Koch der ersten Garde in die Lehre gehen. Einem Schnitzelbräter will er sein Restaurant nicht übergeben. Sein Stammgast, der junge Küchenrebell Marquard, scheint ihm der richtige Lehrherr für seinen Spross. Marquardt ist längst ein anerkannter hochdekorierter Küchenchef in den ›Drei Stuben‹ in Meersburg.

Simon Metzler in Thailand im Gewürzseminar, so macht er heute noch sein Curry selbst.

»Das war das Beste, was mir passieren konnte«, schwärmt Simon Metzler von seinem Lehrherrn, der bald sein Freund wird. »Wir waren alle zusammen einfach eine geile Truppe«, schmunzelt er bei der Erinnerung an seine Lehrzeit. »Das war Spaß, Kreativität und perfektes Kochen.«

Vater Manfred hatte geahnt, wie wichtig für Simon hohe Anforderungen sind. Seinem Sohn soll es anders ergehen, als ihm selbst.

Als Manfred Metzler Anfang der 60er-Jahre in die Lehre ging, wurde nicht lang gefackelt. Mit 14 Jahren hatte er sein Ränzlein zu schnüren und wird von den Eltern in die Fremde geschickt. »Mein Lehrherr war der Küchenchef in einem großen Hotel, aber wir Stifte waren seine Sklaven«, winkt Manfred Metzler ab.

Lieber erzählt er von seinen späteren Küchenerlebnissen im damals renommierten Stephanskeller in Konstanz oder von seinem Freund Erich Surdmann, dem legendären Hecht-Wirt in Überlingen. »Der hat mir bei diversen Reisen und Besuchen in Feinschmeckertempeln ein neues Lebensgefühl vermittelt«, erinnert er sich gern an diesen weit über die Grenzen Überlingens hinaus bekannten Gourmet-Koch.

Simon dagegen erlernt schon in der Lehre die Kunst, Gourmet-Genüsse anzurichten. Stefan Marquard kombiniert frech Champagnerkutteln mit Zander und Blutwurst, Austern oder Hummer mit Mango. »Das

Die gute Stube des Bürgerbräu in den 1960er-Jahren. Nur behutsam wurde der Raum der neuen Zeit angepasst. Der neue Gastwirt Simon Metzler beweist Sensibilität in der Fortführung des traditionellen Hauses, wie der Küche.

hat einfach gefetzt. Wir saßen oft bis am Morgen zusammen und haben wild kombiniert und am nächsten Tag einfach gekocht und serviert«, erinnert sich Simon, im Gegensatz zu seinem Vater, gern an seine Lehrzeit: »Und noch heute gehe ich so vor. Ich stelle mir manchmal einfach ein Gericht vor, male mir den Teller aus und koche es am nächsten Tag.«

Vater Manfred ist sichtbar stolz auf seinen Sohn. Seit er in Überlingen die Küchenleitung in dem Traditionshaus Bürgerbräu an seinen Junior übergeben hat, lässt er Simon nach dessen Gusto kochen.

Manfred Metzler weiß aus eigener Erfahrung, wie es ist, wenn zwei Meinungen in einer Küche herrschen. Seine Mutter Luise macht ihm am Herd sofort Platz. Doch sein Vater Konrad hält den Draht zu den Gästen und gibt der neuen Speisekarte seines Juniors die Schuld, wenn der Gastraum zum Mittagstisch nicht voll besetzt ist.

»Das waren anfangs zu meiner Zeit noch die goldenen Zeiten der Stadtwirtschaften«, erinnert sich der heutige Senior im Bürgerbäu, »die Leute sind um zwölf Uhr zum Essen eingekehrt. Alle, auch jeder Tagestourist.«

Im Bürgerbäu wird zu dieser Zeit in zwei Schichten gegessen. Um zwölf Uhr kommen die ersten Gäste, um 13 Uhr werden sie hinauskomplimentiert, die zweite Schicht steht vor der Tür. Manfred Metzler lacht laut: »Mein Vater stand hinter der Theke mit dem großen Suppentopf. Jedem gab er eine Kelle in den Teller, wenn es zu viele Gäste wurden, schimpfte er laut: Was glaubet denn ihr, ihr kennet doch it einfach so reidappe!«

Doch bleiben einmal die Gäste aus, ist sein Sohn Manfred mit seiner neuen Speisekarte schuld daran. Heute schmunzelt er: »Ich habe doch gesehen, dass es so nicht weitergeht. Wo sind denn heute die großen Gasthäuser Überlingens? Wer geht noch mittags essen?«, sieht er die Fastfood-Mentalität schon früh aufkeimen.

Manfred Metzler übernimmt mit seiner Frau Monika 1970 das Bürgerbräu in eigener Regie. Behutsam stellen sie die Weichen neu. Die beiden sind sich einig: Sie wollen weg von der Kneipen-Wirtschaft mit Vereinen, Stammtischen und Kartenspielern, hin zu einem Speise-Restaurant. Manfred Metzler weiß, welche Spezialitäten Feinschmecker zu dieser Zeit lieben: Chateaubriand mit Sauce Bérnaise, Filetgulasch am Tisch auf Stövchen zubereitet oder Crêpe Suzette am Tisch mit Orangenlikör-Sauce flambiert.

Die Metzler-Familiengeschichte im Bürgerbräu beginnt 1935. Manfreds Eltern übernehmen das Fachwerkhaus, das 1893 von Albert Bilger, er ist Braumeister, nach einem Brand, aufgebaut wird Mit der Familie Metzler wird das Bürgerbräu zu einem Hort des Genusses.

Luise und Konrad Metzler gehen zunächst einen steinigen Weg. Das Haus ist von der Brauerei Härle aus Königseggwald gekauft und an Luise Kohler, die spätere Ehefrau von Konrad Metzler, verpachtet. »Schwobe in Iberlingen zur damaligen Zeit«, schmunzelt Manfred Metzler und erinnert an eine ehemalige Weinstube gegenüber. »Da befürchteten manche eine Attacke der Bierfreunde gegen die Weintradition der Stadt.«

Doch Konrad Metzler spielt ein As aus. Der Mann ist Musiker, sogar Dirigent einiger Landkapellen und bald Mitglied der Überlinger Stadtkapelle. ›Das Wirtshaus im Dorf‹ ist schnell der Treffpunkt zahlreicher Vereine – und so mutiert das Wirtspaar Metzler zu echten und anerkannten Überlinger Bürgern.

Nach dem Krieg bauen Luise und Konrad Metzler das Bürgerbräu um. 1954 richten sie die Gasträume so ein, wie sie heute noch aufgeteilt sind. 1957 kaufen sie das Gebäude und erweitern es für Fremdenzimmer um ein weiteres Stockwerk. Seither zählt der Gasthof mit seiner Fachwerkfassade zu den stattlichsten und dominantesten Gebäuden im historischen Teil der Oberstadt von Überlingen.

Die Familie ist sich dieses Erbes bewusst. Auch der junge Simon Metzler, der in Berlin – nach Zwischenstationen in Hawangen und München – längst Fuß gefasst hat.

Mit der ›Rote-Gourmet-Fraktion‹ tingelt Simon von Event zu Event. Er bekocht die ›Toten Hosen‹ und ›Die Ärzte‹, gründet ein eigenes Catering-Unternehmen und fährt mit einem auf einen 7,5-Tonner eingebauten Küchenstudio von Filmset zu Filmset.

»Viele der Stars, für die ich damals kochte, kannte ich gar nicht, einige habe ich dann später auf der Leinwand wiedergesehen«, schmunzelt der Koch heute. »Hannes Jaennicke, Sebastian Koch, Hardy Krüger junior …«, an einige erinnert er sich dann doch noch. »Auf jeden Fall, jeder der Beteiligten der Serie ›Frauen hinter Gittern‹ hat bei mir gegessen«, denn für die Crew dieser RTL-Produktion steht er wochenlang hinterm Herd.

Die coolste Zeit für Simon ist, wenn die Bands seiner Musikrichtung auf Tour sind und er im Cateringteam. Schließlich ist er absoluter Fan von Hardcore-Musik. Schon in den ›Drei Stuben‹ in Meersburg kochte die Crew im Rhythmus von Beastie Boys oder Biohazard. Hardcore-Rhythmen, die heute im Traditionshaus Bürgerbräu ebenfalls in der Küche zu hören sind.

»Doch irgendwann ist Schluss! Das war auch mir klar«, sagt Simon Metzler heute. »Kochen á la Carte ist was ganz anderes.« Zwar profitiert der junge Küchenchef noch immer von der Zeit. Wer für Hunderte von Gästen auf hohem Niveau anzurichten weiß, kann in einem überschaubaren Speiserestaurant leicht perfekt auftrumpfen.

Simon schlägt im Bürgerbräu den gleichen Weg ein, wie einst sein Vater. Behutsam verbindet er Tradition und Moderne, regionale Küche und internationale Gourmetspezialitäten. »Ein bisschen überraschen darf man schon«, lässt er sich nicht einengen und setzt immer wieder seine Cross-over-Einfälle neben dem Bodensee-Felchen auf die Karte. Gern auch mit exotischen Aromen aus Thailand oder scharfen Gewürzen aus Sansibar.

»Es ist der Spaß, an Speisekarten zu feilen, sie stetig zu verändern und ihnen eine Linie zu geben«, sagt heute Simon Metzler, nach einigen Jahren als Küchenchef des Bürgerbräu. »Ich hatte mir bis zu jenem Abend in Berlin mit meinem Vater nie überlegt, zurückzukommen, aber dann kam die Entscheidung.«

Vater Manfred Metzler bestellt an jenem, für das Bürgerbräu im fernen Überlingen geschichtsträchtigen Abend in Berlin drei Glas Champagner. Er und seine Tochter Saskia stoßen mit Simon auf seine neue Zukunft an. Saskia ist heute übrigens Studienrätin, Manfred Metzler leidenschaftlicher Golfspieler und Simon der Bürgerbräu-Wirt.

Mit seiner Frau Katja übernimmt er das Hotel und Restaurant 2005 und zieht mit Baseball-Cap, seinem unverkennbaren Kinnbart und vielen Heavy-Metal-CDs in das historische Fachwerkhaus Bürgerbräu im Überlinger Dorf ein.

Die Familientradition ist gerettet und für viele Überlinger Feinschmecker das einzige, wirkliche Speiserestaurant der Stadt.

MAN KANN JA AUCH EINFACH GEHEN ...

Stammkunden kommen wegen der überzeugenden Küche, wegen des freundlichen Wirts, wegen der charmanten Wirtsfrau – oder wegen des Kellners bzw. der Kellnerin. Er oder sie ist meist der erste Ansprechpartner der Gäste. Sollte höflich und freundlich sein, nicht zu aufdringlich und doch immer da!

Dass der Kellner bzw. die Serviererin, nebenbei sein/ihr Handwerk beherrscht, ist wohl selbstverständlich, weiß, wo Messer und Gabel liegen und wie man beim Servieren dem Gast den Wein nicht über das Jackett schüttet.

Dieter Heger grinst sein freundliches Lächeln. »Alles halb so wild«, sagt er, »Manieren sollte man schon haben.« Alles andere habe ihm Monika beigebracht. Monika Metzler, die Senior-Patronin im Bürgerbräu. »Sie ist die beste Lehrmeisterin«, sagt Dieter Heger.

Dieter Heger ist der wohl bekannteste Kellner in und um Überlingen. Seit 1975 versieht er seinen Dienst im Bürgerbräu. Der Mann ist hochgewachsen, immer perfekt gekleidet, steht aufrecht wie im Lot neben den Gästen und schaltet sein freundliches Lächeln wohl erst nach Feierabend ab.

»Auch dann nicht«, sagt er, »das bin ich. Ich bin von Natur aus ein freundlicher Mensch.« Und verrät damit vielleicht eines der Geheimnisse eines guten Kellners.

»Ich wusste gleich, dass Dieter unser Mann ist«, freut sich Manfred Metzler noch heute über seinen spontanen Entschluss. Er hat ihn während einer feucht-fröhlichen Nacht, ohne lange Rücksprache, einfach eingestellt. Es ist 1975, Dieter Heger besucht seine Schwester Monika. Sie ist Kellnerin im Bürgerbräu. Monika Metzler, die Patronin des Hauses, liegt im Wochenbett, Tochter Saskia ist geboren. Deshalb sucht das Bürgerbräu im Service Verstärkung.

Dieter Heger kommt aus Weil am Rhein, ist von Beruf Werkzeugmacher, aber in seiner Firma herrscht Krise. Deshalb sagt er in eben dieser fröhlichen Nacht ebenso spontan zu.

Zwei Jahre nach seinem Dienstantritt im Bürgerbräu ruft ihn seine alte Firma wieder an. Sie brauche ihn wieder. Zweieinhalb Jahre steht er wieder als Feinmechaniker an der Werkbank, dann meldet er sich bei der Familie Metzler aber auch ebenso schnell wieder zurück. »Ich brauche Menschen um mich und bediene einfach gern. Ich will wieder in den Service!«

»Dieter ist der geborene Kellner«, sind die Metzlers längst mit ihren Gästen überzeugt, der Mann hat ein phänomenales Namengedächtnis und kann es mit den Gästen des Hauses. Auch ihnen hat sein Charme gefehlt.

Dieter Heger hat ohne Zweifel Entertainer-Qualitäten. Er ist Kellner, Ansprechpartner und auch mal Gesprächspartner. »Alles in Maßen«, lacht er, »und wenn es zu intim wird, da warten schließlich noch andere Gäste, dann kann ich ja einfach zu denen weitergehen …«

SIMON METZLER

Schön für Feinschmecker, dass es im historischen Überlingen noch das Bürgerbräu gibt. Oben ›im Dorf‹ da ist die kulinarische Welt noch in Ordnung. Stattlich lockt das Fachwerkhaus zur Einkehr. Wer eintritt, fühlt sich in der Gaststube wohl.

Behutsam wurde die Einrichtung aus der guten alten Zeit der modernen angepasst. Es ist wie ein Spiegelbild zu Simon Metzlers Gerichten. Da stehen Klassiker neben eigenen Kreationen des jungen Kochs. Langweilig sind seine Angebote nie, schon das Lesen der Karte ist ein Vergnügen, munter und zum Teil auch frech kombiniert er nach Geschmack und Ideen.

Mit seiner Frau Katja stehen die beiden für ein zeitgemäßes Wirteleben in einem alten Traditionshaus. Mit Enkelkindern, Oma Monika und Opa Manfred und Heavy-Metal-Sound in der Küche.

KONTAKT /// HOTEL RESTAURANT BÜRGERBRÄU /// SIMON METZLER /// AUFKIRCHER STRASSE 20 /// D-88662 ÜBERLINGEN /// WWW.BUERGERBRAEU-UEBERLINGEN.COM ///

»VESPER MÜSSEN SIE MITBRINGEN!«

SEEHOTEL OFF, MEERSBURG
Elisabeth und Michael Off

»Wenn Sie kommen, müssen Sie schon ein Vesper mitbringen, sonst müssen die Damen hungern. Wir geben keine volle Pension, nur Morgenkaffe leer.« – Morgenkaffe leer! Das heißt ohne eine Scheibe Brot oder gar ein trockenes Brötchen. Aber immerhin, könnte man sagen, die Wirtin der Pension ›Marienruh‹ gewährt der Familie Hohner aus Trossingen in ihrem Schreiben ein Gästezimmer. Und die Hohners nehmen dankend an. Sie kommen mit eigenem Vesper und statt einer Reservierungsbestätigung mit dem eben zitierten Antwortschreiben aus Meersburg, geschrieben am 19.7.1947.

Heute lesen sich die Zeilen des Briefes gar garstig. Doch Maria Off, sie ist die Unterzeichnerin des Briefes, ist erstens eine überaus gastfreundliche Wirtin und zweitens eine leidenschaftliche Köchin. Aber die Zeiten kurz nach Kriegsende erschweren ihr das Handwerk. Die Kunst damals ist weniger das Kochen, als das Organisieren von notwendigen Lebensmitteln.

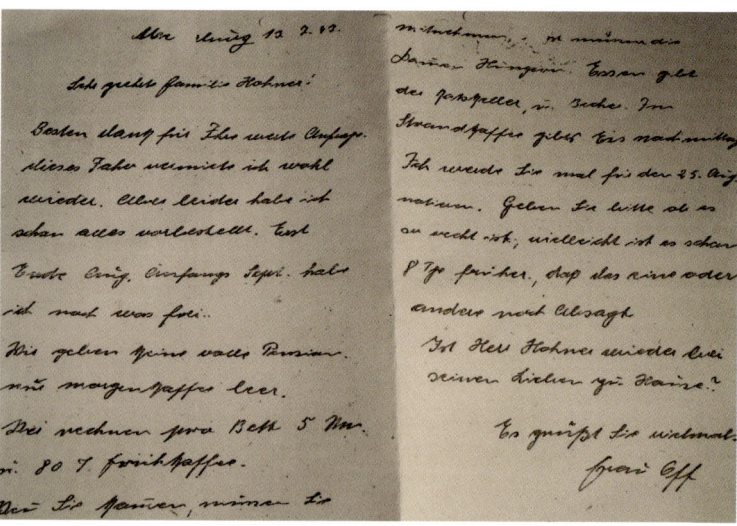

Offizielle Reservierungsbestätigung der Pension Off vom 19.07.1947.
Aber: ›Nur mit Morgenkaffe leer.‹

Die Hohners sind im Sommer 1947 die ersten Gäste in der Pension ›Marienruh‹ – dem heutigen Seehotel Off – nach dem Zweiten Weltkrieg. Das heißt, nicht ganz. Die ersten Gäste (wenn man so sagen will) sind französische Soldaten. Diese haben die kleine Pension am Rande von Meersburg nach ihrem Einmarsch okkupiert. Den Offizieren gefällt das schmucke Haus mit eigenem Seeufer am Bodensee damals wohl so gut wie heute den Gästen. Sie springen direkt von der Terrasse in das erfrischende Nass. Wer in der französischen Armee Dienst am ›Lac du Constance‹ schiebt und dann noch bei den Offs untergebracht ist, kann im Nachkriegs-Deutschland selbst die Militärzeit genießen.

Schon zuvor hatten andere Gäste, ohne offizielle Buchung, die Vorteile der kleinen Pension unter der alten Meersburg genossen. Berlin ist 1944 ausgebombt, ebenso wie viele andere Großstädte des Deutschen Reichs. Flüchtlinge aus den umkämpften Kriegsgebieten suchen Schutz in den ländlichen Regionen. Die Ortsgruppenleiter beschlagnahmen in ihrer Not Wohnraum. Auch die Pension von Immanuel und Maria Off im Ferienort Meersburg wird zwangsbelegt. Für diese Gäste gibt es vermutlich nicht einmal einen Kaffee leer.

99 REBEN SIND ERLAUBT, NOCH!

Michael Off ist der Enkel von Immanuel und Maria Off. Er ist heute der Patron des Seehotels. Ohne Zweifel hat er außer der Pension auch ihre Gene vererbt bekommen. Denn der Mann ist leidenschaftlicher Koch wie seine Großmutter Maria; überzeugter Wirt wie sein Großvater Immanuel und dazu noch Hobby-Winzer. Allerdings verbietet ihm das Weinanbaugesetz, Wein professionell anzubauen. Höchstens 99 Reben sind privaten Winzern erlaubt, und genauso viele hat Micheal Off vor Jahren am Südhang in Meersburg hinter seinem Hotel eingepflanzt.

»Muskateller«, sagt er stolz und lässt jeden Gast gern probieren. »Ich verwende ihn für unsere Fischsaucen«, sagt er schnell, um die Erwartungen der Weinkenner herunterzuschrauben. Doch der hellgelbe Rebensaft Off'scher Qualität schmeckt durch seine feinfruchtige Säure und das typische Muskatbukett überzeugend. Kein Wunder, denn vermutlich hat Michael Off auch das Wengerter-Blut seiner Sippschaft geerbt. Großvater Immanuel Off stammt ursprünglich aus einem Weingut im schwäbischen Fellbach.

1934 kauft Imanuel Off mit seiner Frau Maria das kleine Privathaus am Rande der Stadt Meersburg und eröffnet die Pension ›Marienruh‹. Hinterm Haus legt der Großvater einen Gemüsegarten an. Auch die Eltern von Michael Off versorgen später die Gäste der kleinen Pension mit den Früchten des Gartens. Erst in den 90er-Jahren eröffnet Michael Off mit seiner Frau Elisabeth das Restaurant und wandelt die Pension zu einem See-Hotel um. Sein ›Weinberg‹ kommt schnell hinzu.

»Das war schon immer ein Traum von mir«, sagt der Hobby-Winzer und Koch, »in der Küche mit Lebensmitteln zu arbeiten, die man selbst gepflanzt hat, also von Grund auf kennt, selbst gepflegt und gehegt hat, das gibt ein gutes Gefühl.« Tipps zum fachmännischen Weinausbau hat Off sich bei befreundeten Winzern eingeholt, und dann sagt er: »Man muss halt probieren und tüfteln. Das wird nicht jedes Jahr gleich, aber so ist das in der Natur.«

Mit dem Muskateller hat sich Off eine der ältesten Kulturreben ausgesucht. Vermutlich haben schon die Römer die Traube an den Bodensee gebracht.

Michael Off könnte bald seine 99 Reben ausweiten. »Wenn 2014 das Weinanbaugesetz geändert wird, dann ...«, schmunzelt er mit einem Glas Muskateller in der Hand schelmisch vor sich hin.

VOM SCHWARZANGLER ZUM GOLDFISCH

Der Wirt, Küchenchef, Winzer und Hotelier Michael Off ist aber nicht nur ein Vorkämpfer für die Kulturrebe Muskateller, sondern in erster Linie ein aufrechter Verfechter für den Urgeschmack des Bodenseefischs. Dafür ist er berühmt, selbst die ehrenwerte Vereinigung der ›Tafelgesellschaft zum Goldenen Fisch‹ in der Schweiz machte sich auf den Weg über den See, um den Fischkoch in Meersburg zu besuchen.

Die gastronomisch-kulinarische Gesellschaft von Freunden der gepflegten Fischküche ist 1969 am Zugersee als Verein gegründet worden. Seither ist die Organisation stetig gewachsen. Sie setzt sich heute aus rund 2.000 Fischliebhabern, aus über 100 begnadeten Fischkochkünstlern und aus einigen Dutzend Berufsfischern zusammen.

Die Gründer der noblen Gesellschaft haben im selbstgeschaffenen ›Gesetz‹ festgelegt, dass es ihnen in erster Linie darum geht, die Fischkochkunst im Gastgewerbe zu fördern. Insbesondere soll den edlen Fischen aus den heimischen Gewässern die gebührende kulinarische Ehre erwiesen werden. Das Ziel wird durch die Auszeichnung von Gaststätten mit hervorragender Fischküche zu erreichen versucht. Einem solchen Restaurant wird die blaue Tafel mit dem goldenen Fisch-Signet verliehen. Diese Auszeichnung ist kein Orden ›auf Lebenszeit‹, sondern muss jedes Jahr neu bestätigt werden und wird entzogen, wenn der Betrieb den in den ›7 Goldenen Regeln‹ und den ›Voraussetzungen für Verleihung und Belassung der Auszeichnung‹ festgeschriebenen Ansprüchen nicht genügt.

Die Tafelgesellschaft gibt außerdem für ihre Mitglieder alljährlich einen umfassenden ›Guide Fischelin‹ heraus, in welchem die ›Goldenen Fisch-Restaurants‹ mit ihren Spezialitäten ausführlich beschrieben sind. Das Seehotel Off gehört seit 2011 zu dem erlauchten Kreis.

Mit Michael Off zählt ein deutscher Seehas zu der Gilde der ›begnadeten Fischkochkünstler‹. Er ist der einzige an dem Nordufer des Bodensees.

Als Kind wird er mit Bodenseewasser getauft, seinen Freischwimmer macht er im See und als junger Segler gewinnt er auf dem Bodensee seine ersten Regatten. Seinen ersten Fisch brät er am Lagerfeuer. Wie er ihn auszunehmen hat, hatte ihm seine Mutter Vera gezeigt, die sein Vater 1959 heiratete. »Eine exzellente Köchin!«, wie ihr noch heute alle älteren Stammgäste bescheinigen.

Den Fisch am Lagerfeuer hatte übrigens Klein-Michael selbst geangelt. »Mit einem Stock und einer Nylonschnur, selbst gebastelt«, sagt er stolz. »Damals wusste man noch nicht, was ›Schwarzfischen‹ ist«, schiebt er heute entschuldigend nach, »man tat es einfach.«

Die Pension Off in den 1960er-Jahren – die Côte d'Azur bei Meersburg lässt grüßen.

ELISABETH UND MICHAEL OFF

Elisabeth und Michael Off haben die ehemalige Pension zu einem stattlichen Seehotel umgebaut. Sie führen ihr Hotel nach den Anforderungen der alten Schule. Im ›Off‹ begrüßen noch die Wirtin oder der Wirt den Gast persönlich. Sie kümmern sich um das Gepäck und den Parkplatz. Wer das Hotel betritt, darf sich im klassischen Sinne als Gast begreifen und im Hotel als Gourmet. Michael Off kennt jeden Bodenseefisch und lässt in seiner Küche jedem Fisch seinen Eigengeschmack. Er ist ein Verfechter der traditionellen Bodenseeküche und verwendet Bio-Salate und Gemüse ausschließlich von Bauern rund um Meersburg.

Elisabeth und Michael Off haben in wenigen Jahren ihr familiäres Hotel und Restaurant in die vorderste Front der gehobenen Häuser am See geführt. Wer auf der Terrasse sitzt, einen Seewein genießt, dem Pendeln der Fähren zwischen Konstanz und Meersburg zuschaut, den Säntis gegenüber in der Abendsonne sieht, der sitzt im ›Off‹ in der ersten Reihe.

KONTAKT /// **SEEHOTEL OFF** /// **ELISABETH UND MICHAEL OFF** /// **UFERPROMENADE 51** /// **D-88709 MEERSBURG** /// **WWW.SEEHOTEL-OFF.DE** ///

DER HANDSCHLAG EINES WIRTS

ÖXLE'S SCHWANENSTÜBLE, MARKDORF
Rudi Öxle

Ein freundlicher Handschlag weist Rudi Öxle den Weg. »Ich war gerade mal 16 Jahre alt und keine 1,50 groß«, erzählt er heute, 60 Jahre später, als wär's erst gestern gewesen, »da hat mir der große, stattliche Wirt des Hirschen in Friedrichshafen seine Hand gereicht und mich willkommen geheißen. Das war ein tolles Gefühl für mich als junger Kerl!« Und für Rudi Öxle wohl der ausschlaggebende Grund, Gastwirt zu werden. Ein Entschluss, den er an diesem Tag noch heimlich fällt. Und zwar so ein Gastwirt, wie dieser Hirschen-Wirt, so einer versprach er sich zu werden, ein Wirt, der alle seine Gäste achtet.

In die Wiege gelegt worden ist ihm dieser Weg allerdings nicht. Rudi Öxle wird 1937 in Salem-Altenbeuren geboren. Er erlebt die Nachkriegsjahre als Jugendlicher in eher ärmlichen Verhältnissen und wird mit 14 Jahren in eine Metzgerlehre geschickt.

»Lehrjahre sind keine Herrenjahre!«, diesen Spruch muss er sich in den folgenden drei Jahren häufig anhören. Damals heißen Auszubildende ›Stift‹ und sind nichts anderes als billige Hilfskräfte. »Ich war der Kleinste, musste aber in Allerhergottsfrühe mit den Metzgergesellen antreten und durfte abends erst als Letzter gehen, wenn ich die Metzgerei blitzblank geputzt hatte.«

Tante Emilie kann das Elend nicht weiter mit ansehen. Sie vermutet in ihrem kleinen Rudi mehr Talent, deshalb vermittelt sie ihm nach der Metzgerlehre eine Kochlehre in Friedrichshafen in der ›Sonne‹. »Damals war Kochen noch kein großes Thema. Es musste viel Fleisch auf den Teller, Spätzle und Soß, kaum Gemüse.« Dann lacht er und gibt zu, »und das wenige Gemüse war noch verkocht.«

Doch Rudi merkt schnell, dass Kochen seine bisher unentdeckte Leidenschaft ist. Neugierig schielt er auf die Speisekarten in anderen Gasthäusern, und manchmal kehrt der noch junge Rudi – »Ich wog damals keine 50 Kilo« – mutig ein. Dafür allerdings muss er alle seine mageren Ersparnisse zusammenkratzen, so wie an jenem denkwürdigen Tag.

»Der Hirschen war ein typisch bürgerliches Lokal, dass ich da mein Aha-Erlebnis erfahren würde, ahnte ich nicht.« Doch dieser große, stattliche Wirt, der selbst zu ihm, dem kleinen Stift aus Salem-Altenbeuren so freundlich ist, wird zu Rudis Vorbild. »Diese Begegnung habe ich nie vergessen, noch heute erinnere ich mich oft an den freundlichen Hirschen-Wirt.«

Aber damals: »Ich und eine eigene Wirtschaft?«, lacht der Senior der Linzgau Köche heute, »dran war doch realistisch gar nicht zu denken.« Dafür ahnt der junge Öxle, dass Kochen mehr ist, als nur Schnitzel, Spätzle und Soß – und sucht nach neuen Herausforderungen.

In den letzten Lehrtagen trifft Öxle zufällig auf einer Fähre des Bodensees einen Kellner aus München. Dieser erzählt ihm von den Münchner Restaurants und Biergärten. Er selbst arbeitet im Parkhotel Edelweiß. »Da habe ich ihm spontan gesagt, er solle fragen, ob ich nachkommen könnte.« Wenige Tage später fährt der Jungkoch Rudi Öxle, mit seinen Zeugnissen als Metzgergeselle und Koch in der Tasche, in die bayrische Landeshauptstadt München.

Der Chef des Parkhotels fackelt nicht lang und stellt den jungen Mann auf Probe ein. »Das war dann schon eine andere Klasse. Da gab es zwar weniger Fleisch, aber alles perfekt zubereitet, auf den Punkt gegart, auch das Gemüse.«

Der Parkhotel-Küchenchef erkennt Öxles Talent und schätzt schnell sein Wissen. »Ich bin auf den Markt geschickt worden und habe das Fleisch eingekauft.« Dabei kommt ihm seine Metzgerlehre in Sigmaringen zugute. »Noch heute schaue ich mir jedes Fleischstück genau an, bevor ich es kaufe. Mir macht da kein anderer Metzger was vor.«

Rudi Öxle vor 60 Jahren, als kleiner Stift in der Küche: gerade mal 15 Jahre alt und keine 1,50 groß.

Nach zwei Jahren treibt es den jungen Öxle weiter. »Ich wollte die Welt sehen und habe mich in Marokko und Schweden beworben.«

Seine nächste Station wird Stockholm, bevor er sich zwei Jahre später nach Tanger einschifft. Öxle nutzt die Wanderjahre als Koch, aus dem kleinen Jungen aus Salem-Altenbeuren wird ein gestandener Küchenchef. Seine erste Leitungsfunktion bekommt er wiederum in Stockholm.

»Die haben mich in Marokko angerufen und zurück nach Schweden gelockt.« In Stockholm wird er in einem großen Hotel Küchenchef. »Da hatte ich zwei Köche auf den Fischposten, die tagein, tagaus nur Filets anzurichten hatten. Auf dem Fleischposten gingen an manchen Tagen 20 Fasanen weg. Das war schon eine ganz andere, gehobene Küche, das war Kochen vom Feinsten.«

Vor seinem 30. Geburtstag fragt sich Rudi Öxle, wohin sein Lebensweg weiter führen soll. Dieser Hirschen-Wirt aus Friedrichshafen spukt ihm noch immer im Kopf herum. Jetzt traut er sich zu, sein eigener Herr zu werden. Eine eigene Gastwirtschaft, er als selbstständiger Gastwirt? »Das blieb seit diesem Hirschen-Besuch mein geheimster Wunsch.« Rudi Öxle wägt ab: Sesshaft in Schweden oder zurück an den Bodensee, um dort eine eigene Wirtschaft zu gründen? Seine damalige schwedische Ehefrau rät ihm, den Sprung zu wagen. Gemeinsam ziehen sie zurück in den Linzgau.

1965 übernimmt Rudi Öxle als Gastwirt in Überlingen sein erstes Lokal, die ›Fünf-Mühlen‹, danach die ›Faule Magd‹ und zwischendurch gründet der rührige Wirt die erste Curry-Wurst-Bude in der Kurstadt Überlingens. »Das war ein Spaß! Ein Heidengeld verdienten wir, aber als wir mehrere Wurstbuden in den verschiedensten Städten hatten, verloren wir den Überblick über das Personal und vieles von unserem Geld.«

Doch Öxle ist jetzt am Ziel: Er ist Gastwirt! Der Mann hat seine Bestimmung gefunden. »Was auch immer ich in der Küche anrichte, wenn auch nur Curry-Wurst, es muss meinen Gästen schmecken«, ist sein Ansporn, »ich will von ihnen hören, dass es schmeckt! – Und ich will die Gäste wiedersehen.«

Diese Gastfreundschaft als Gastwirt ist schon bald das Markenzeichen des Rudi Öxle. Selbst als Imbissbesitzer schafft er sich Stammkunden dank der Qualität seiner Waren. »Bratwurst ist nicht gleich Bratwurst«, das weiß der gelernte Metzger und Koch genau. Zwölf Jahre lang brutzelt und brät er im Neumann-Imbiss in Markdorf. Dann übernimmt er wieder ein ordentliches Restaurant, die Bürgerstube, ebenfalls in Markdorf.

»Da war ich wieder Küchenchef und Wirt!« Seine inzwischen zweite Ehefrau Ingrid schmeißt die Theke. Öxles Küche wird ein Renner. Bald beschäftigt er vier zusätzliche Köche. Seine Fisch- und Fleischspezialitäten haben ein gehobenes Niveau. Öxle weiß den Fisch perfekt zu braten, die Filets zart und glasig zu grillen, die Rindersteaks ebenfalls nicht totzubraten. Am Stammtisch finden über 20 Gäste Platz, schon bald sitzen die Besucher in der zweiten Reihe am Tisch, Das Restaurant ist bald zu klein. Aus dem bescheidenen kleinen Jungen aus Salem-Altenbeuren ist in Markdorf der In-Koch geworden. Zu Rudi gehen sie alle, der Bürgermeister und seine Ratsherren sowie der Lehrling von nebenan.

So einen Mann will auch die Stadtverwaltung, als es darum geht, das adlige Bischofsschloss neu zu nutzen. Der damalige Markdorfer Bürgermeister Eugen Baur überredet Öxle, in das noble Projekt einzusteigen. Und Öxle macht aus dem Bischofsschloss ein weit über die Grenzen Markdorfs hinaus bekanntes Gourmet-Restaurant. Jetzt ist der ehemalige Küchenchef der Stockholmer First-Class-Hotels in seinem Element. Öxle kocht, was die internationale Gourmetwelt genießt. Er kocht im VIP-Zelt des ›Young-Master-Turnier‹ in Friedrichshafen für Boris Becker und sein Team oder für die Top-Manager von Dornier und ZF. Rudi Öxle und seine Frau verwandeln das Bischofsschloss in ein hoch angesehenes Gourmet-Restaurant.

»Das war eine tolle Zeit«, sagt Öxle rückblickend, dann wird er ein bisschen sentimental, »mit einem jähen Ende.« Ein Großinvestor verspricht der Gemeinde eine noch größere, goldene Zukunft im Bischofsschloss – und übernimmt das gesamte Areal.

Rudi Öxle kann gehen.

Wirtin und Wirt Ingrid und Rudi Öxle am Stammtisch.

Rudi Öxle hat in seinem Leben kämpfen gelernt. Er übernimmt kurz entschlossen 1988 in Ittendorf den Adler und verleiht ihm ein neues Gefieder. »Das Schöne war, dass alle meine Stammkunden aus Markdorf jetzt zu mir nach Ittendorf fuhren«, freut er sich noch heute über die Treue seiner Gäste.

Zehn Jahre später kommt er seinen Markdorfer Freunden entgegen und eröffnet am Marktplatz, wiederum in Markdorf, auf dem ehemaligen Schwanengrund sein ›Schwanenstüble‹.

Hier begrüßt er noch heute, mit 75 Jahren, seine Gäste, gemeinsam mit Ehefrau Ingrid und Junior Richard.

Und noch heute denkt Rudi Öxle manchmal an den alten Hirschen-Wirt im nahen Friedrichshafen. Den freundschaftlichen Willkommensgruß mit Handschlag hat Rudi Öxle von ihm übernommen. Die ausgestreckte Hand ist für seine Stammgäste selbstverständlich, aber auch jeden neuen Gast begrüßt Öxle persönlich und will wissen: Hat's g'schmeckt?

ICH LIEBE MEINE GÄSTE

Es ist 14.30 Uhr, ein sonniger Nachmittag, die letzten Gäste des Mittagstischs verlassen die sonnige Terrasse des Schwanenstübles in Markdorf. Auch Ingrid und ihr Sohn Richard Öxle verabschieden sich von Ehemann und Vater Rudi in die Mittagspause. Der Gastwirt und Küchenchef hat noch zu tun, er muss noch ein eben angeliefertes Reh zerlegen. Gerade will er die Restauranttür schließen, da steht unvermittelt eine junge Dame vor ihm und fragt, wer denn bitte auf der Terrasse bediene?

Rudi Öxle schaut überrascht auf, lacht freundlich und antwortet: »Niemand!« Doch schnell fügt er freundlich hinzu: »Was möchten Sie denn?«

»Zwei Kaffee.«

»Können Sie gleich mitnehmen«, antwortet Öxle ergeben und lässt zwei Tassen aus der Maschine . »Zucker und Milch?«

»Ja bitte.«

Öxle serviert, als wäre es seine Aufgabe, und zieht sich danach zurück in seine Küche. »Wir haben 70 Prozent Stammgäste«, sagt Öxle stolz. Die Gäste lieben uns, und ich liebe meine Gäste.

Was für eine Liebeserklärung!, mag man denken, doch Öxle beweist täglich, dass er als Gastwirt sein Wort hält. Er schätzt und achtet seine Gäste. Er ist ein typischer Gastwirt der alten Schule. »Ich kenne fast jeden meiner Gäste persönlich. Die, die ich nicht kenne, spreche ich ebenfalls an.« Rudi Öxle ist Koch und Gast-Wirt. Zweimal jeden Abend geht er durch sein Lokal und redet mit seinen Kunden. »Ich habe keinen Grund, mich zu verstecken, ich bin der Ansprechpartner für meine Gäste. Ich will wissen, wie es ihnen schmeckt.«

Das ist der Vorteil gegenüber jeder Art der neugeführten System-Gastronomie. Öxle ist Koch und Wirt, er schenkt seinen Kunden sein Ohr. »Vielleicht können einige Jung-Köche heute besser und moderner kochen als ich, aber ich bin für meine Kunden nicht nur der Koch.«

Über dem Stammtisch in seinem Schwanenstüble hängen mehrere Auszeichnungen, die ihm die ›Linzgau Köche‹ verliehen haben. In drei Wettbewerben gewinnt Öxle jeweils mit den höchsten Auszeichnungen seiner Gäste. »Das ist der Dank für meine Liebe zu meinen Kunden«, freut er sich, »und sie beweisen mir ihre Wertschätzung durch ihre Treue.«

Rudi Öxle führte als Gastwirt im Linzgau mehrere Wirtschaften. Er hat sich in Markdorf einen Namen erkocht, dann eröffnet er in Ittendorf seinen Adler, danach wieder in Markdorf sein Schwanenstüble. Doch gleichgültig, wohin er zieht, viele Gäste folgen ihm.

Typisch eine Begegnung in seinem Adler in Ittendorf. Plötzlich steht ein Mann in seiner Küche. »Ich wollte Sie einfach sehen«, sagt dieser zu Öxle, »im Restaurant ist kein Platz mehr frei. Ich habe mich gewundert, warum hier so viele Gäste sind, da haben die mir geantwortet: weil der Rudi da ist, und wohin der auch ziehen mag, wir folgen ihm!«

Rudi Öxle freut sich noch heute über diese Episode. Beweist sie doch, welch inniges Verhältnis er zu seinen Gästen hat. »Gut kochen können viele«, sagt er, »aber als Gastwirt muss man sich auch seinen Gästen zeigen und mit ihnen reden.«

Rudi Öxle ist längst ein Original. Seit 60 Jahren steht er hinterm Herd, seit 45 Jahren ist er Gastwirt. Mit 75 Jahren sagt er noch immer mit strahlenden Augen: »Ich gehe jeden Morgen gern in meine Küche!«

Tagsüber steht seine Küchentür zum Restaurant meist offen, er sucht den Kontakt zu seinen Gästen. Wenn er abends den Herd ausschaltet, geht er nicht nach Hause, sondern in sein Lokal. »Viele der Gäste sind längt zu Freunden geworden«, sagt er stolz.

Die Dame von der Terrasse kommt mit ihren leeren Kaffeetassen zurück. Sie will bezahlen. Rudi schaut kurz von seinem Reh auf, dessen Filets er gerade mit einem scharfen Messer aus dem Rücken trennt: »Ich habe Ihnen doch gesagt, für die Terrasse ist niemand da!«, zwinkert er ihr zu, »lassen Sie die Tassen einfach stehen.« Dann wünscht er der jungen Frau noch einen schönen Tag.

Die Dame schaut Öxle verunsichert an, dann lacht sie und quittiert mit junger Stimme: »Wow, der Mann isch super!«

Rudi Öxle schaut ihr nach und strahlt: »Ich liebe meine Gäste!«

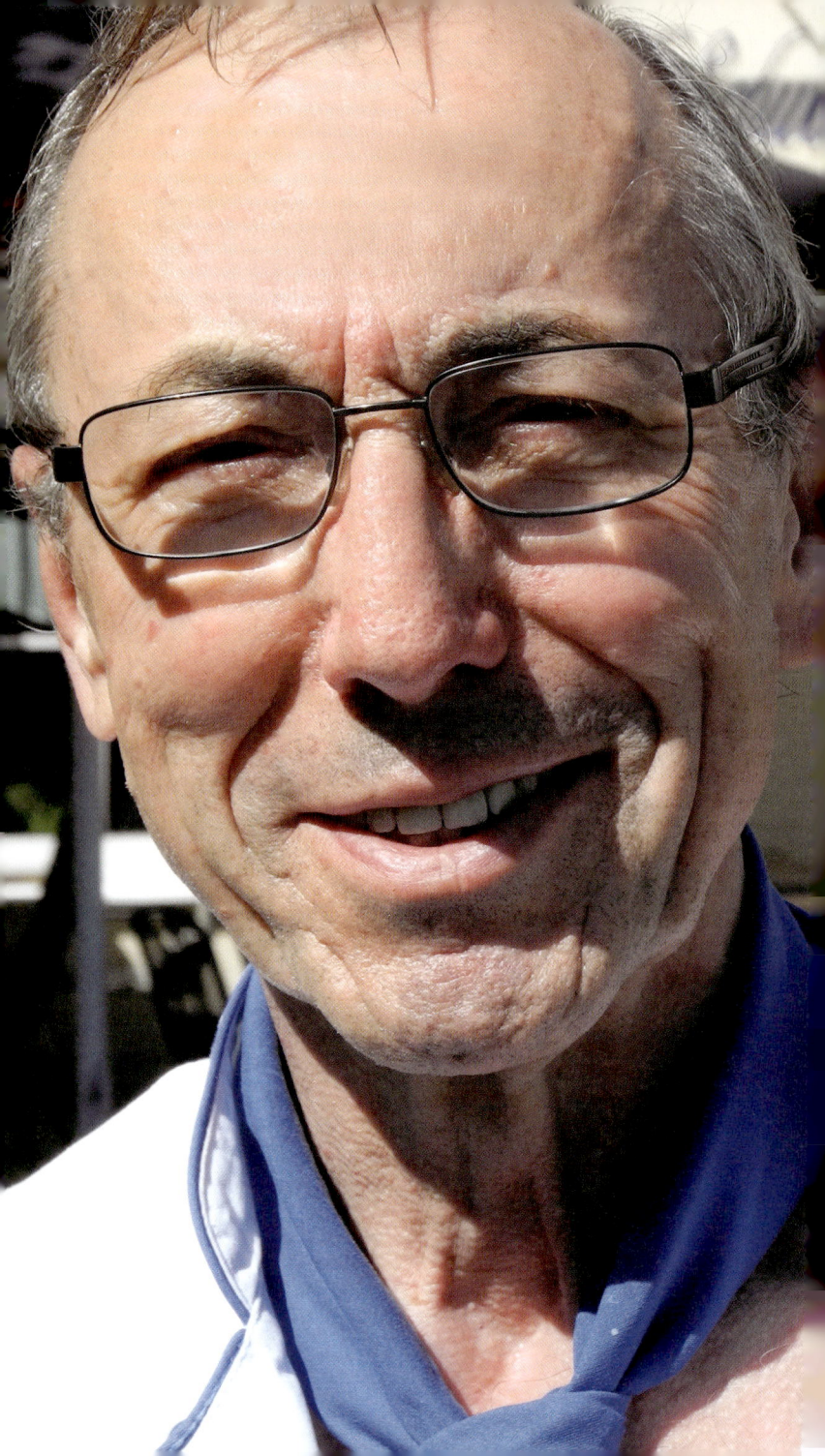

RUDI ÖXLE

Das Schwanenstüble ist eine typische Stadtwirtschaft. Das Gasthaus und die Terrasse grenzen an den Wochenmarkt. Im Schwanenstüble treffen sich die Bürger vor oder nach dem Einkauf, zum Mittagstisch, oder abends zum gepflegten Viertele und gut gekochter Hausmannskost.

Viele Gäste kennen sich, sie sind in dem Gastraum zu Hause. Dafür steht die Familie Öxle, mit Ehefrau Ingrid hinter der Theke und Junior Richard im Service. Küchenchef Rudi Öxle ist ständig auf Achse, zwischen Küche und Restaurant. »Ich koche für die Gäste, dann will ich auch mit ihnen reden, wie sie ihre Teller angerichtet haben wollen.«

Rudi Öxle ist ein Gastwirt wie aus einem längst vergilbten Märchenbuch. Der Mann bietet mehr, als alle amtlichen Anforderungen von ihm verlangen. Er ist ein grundsolider Küchenchef und pflegt mit seinen Gästen einen persönlichen Umgang.

Öxle ist der Senior der ›Linzgau Köche‹. Mit 75 Jahren steht er noch immer täglich in seiner Küche. »Das macht mir Spaß«, sagt er, und der Gast darf sich an solch einem Original von Gastwirt erfreuen.

KONTAKT /// **ÖXLE'S SCHWANENSTÜBLE** /// **RUDI ÖXLE** /// **MARKTPLATZ 3** /// **D-88677 MARKDORF** /// **WWW.SCHWANENSTUEBLE.DE** ///

LÖWEN CONTRA HIRSCHEN

GASTHAUS LÖWEN, ALTHEIM
Isolde Pfaff

›Heimweh am Wolgastrand‹ – wohl niemand hat das Theaterstück der Nachkriegszeit so oft gesehen wie die heutige Löwen-Wirtin Isolde Pfaff. Es gehört lange Zeit zur Tradition des kleinen Linzgau-Ortes Altheim, dass jedes Jahr zum Stephanstag, am 26. Dezember, sich der Theatervorhang öffnet. Jährlich lädt zum zweiten Weihnachtsfeiertag eine kleine Laienschar theaterbegeisterter Einwohner ein. Doch im Winter 1960 ist die Tradition in Gefahr. Der verantwortliche Regisseur will die Aufführung kurzerhand absagen. Der Souffleur hat seine Frau geschickt, um auszurichten: Der Einsager ist krank und kann unmöglich seinen Dienst versehen. Was nun?

Das herzzerreißende Theaterstück in drei Akten soll in diesem Jahr im Löwen uraufgeführt werden. Die Theatergruppe wechselt jedes Jahr die Bühne. Im einen Jahr spielt die Gruppe im Hirschen, dieses Jahr im Löwen. So halten es in dieser Zeit alle Vereine im Ort. Beide Wirtschaften sollen für Versammlungen und Veranstaltungen gleich besucht werden!

Idyllisch, ländlich und bescheiden: die Außenansicht des über 400-jährigen Löwen in Altheim.

»Meine Mutter hat auch genau darauf geachtet, wer wo seine Hochzeitsfeier oder die Leich ausrichtet«, erinnert sich Isolde Pfaff. In Altheim gibt es fast ein halbes Jahrtausend lang zwei Wirtschaften, das heißt immer auch Rivalität.

»Das war schon immer so«, sagt Isolde Pfaff und verweist auf die Gründung ihres ›Löwen‹ vor über 400 Jahren. Platzhirsch ist bis dahin unangefochten der ›Hirschen‹, er heißt damals noch ›Lindauische Taverne‹, und gehört dem Lindauer Damenstift. Als Statthalter des Lindauer Klosters regiert der Dorf-Amann in Altheim in eben dieser Taverne. Hier führt er die Amtsgeschäfte und selbst niedrige Gerichtsurteile fällt er in der Wirtsstube. Der Amann ist bis dahin der einzige Wirt im Ort, bei ihm spielt sich das öffentliche Leben ab.

Der Freien Reichsstadt Überlingen passt die Vorherrschaft der Lindauer Damen vor der eigenen Haustür in Altheim gar nicht. Dazu kommt, dass die Überlinger in Vertretung des Bischofs von Konstanz über die höheren Streitwerte in Altheim urteilen. Der klösterliche Einfluss der adligen Damen muss in ihren Augen zurückgedrängt werden. Deshalb bauen die Überlinger 1603 in Altheim das Gasthaus Löwen, direkt neben die Kirche. Pfarrer und Kirchgänger sollen jetzt hier einkehren.

Der Heimatforscher Albert Mayer findet aus dem Jahre 1767 einen amtlichen Vorgang, der den Grundstein der Konkurrenz-Ängste von Isolde Pfaffs Mutter, Ottilie Allger, belegt. Der Löwen-Wirt Wendelin Morgen beschwert sich beim Überlinger Magistrat, dass die Altheimer Bürger einem heimlichen Zwang erliegen. Der Dorf-Amann und Hirschenwirt soll seine Position schamlos ausnutzen. Untertänigst weist Wendelin Morgen daraufhin, dass an anderen Orten Wirte nicht gleichzeitig die Stelle des Amanns bekleiden dürfen.

»Dies ist alles lang her«, winkt Isolde ab. Ihre Familie hat 1906 den Löwen übernommen. Ihr Großvater, Josef Anton Allger kam aus Batten bei Tettnang, dessen Sohn heiratet Isoldes Mutter Ottilie und seither wird im Löwen gekocht, sodass die Feinschmecker auch ohne »heimlichen Zwang« in ihren Löwen pilgern.

Der obere Saal, wo früher die Theaterabende stattfinden, ist längt verschlossen, für heutige Großveranstaltungen ist der kleine Löwen nicht gebaut. 1960 aber findet die geringe Einwohnerzahl Altheims darin noch Platz, und übrigens auch das Theaterstück ›Heimweh am Wolgastrand‹ wird an jenem besagten Stephanstag doch noch gespielt.

Klein-Isolde, gerade mal acht Jahre alt, hat die Aufführung gerettet. Couragiert mischt sie sich in die Diskussion der Erwachsenen ein. Vermutlich weiß sie zu dieser Zeit noch nicht einmal, wie man Souffleur schreibt, aber ersetzen will sie den kranken Mann auf jeden Fall. »Ich kann das!«, traut sich die Kleine frech zu.

»Ich hatte mich jeden Abend zu den Proben in den Saal geschlichen und still und heimlich zugehört. Ich kannte jeden Satz auswendig.« Sie braucht weder Skript noch Regieanweisungen, Isolde war Abende lang an den Lippen der Schauspieler gehangen, jedes Wort hat sie sich eingeprägt. Nach kurzen Tests des Regisseurs öffnet sich der Theater-Vorhang.

Die Aufführung ist gerettet, und mit der jungen Isolde hat die alte Wirtschaft einen dicken Pluspunkt mehr, was sich aber erst noch später richtig beweisen wird …

VON DER BANKERIN ZUR KÖCHIN

Es ist im wahrsten Sinne des Wortes eine rauschende Nacht. Die Freude im Löwen ist groß. »Mir bliebe, bis des Kind do isch!«, haben die Gäste entschieden und Löwenwirt Hugo Allger serviert einen Seewein nach dem anderen. Denn das Kind, beziehungsweise Mutter Ottilie, lässt sich Zeit. Erst morgens um sechs Uhr kommt der erlösende Anruf aus der Überlinger Klinik: »Es ist ein Mädchen!« Noch heute hört ›das Mädchen‹ Isolde Pfaff von älteren Stammgästen: »Mon, di hommer g'feiert!«

Dazu hatten die Freunde des Löwen auch allen Grund. Denn aus der neugeborenen Isolde sollte eine ganz besondere Wirtin werden, wie in einem Märchen.

Die Zukunft des Löwen ist gesichert: Jungkoch Roman Pfaff steht heute schon manchmal seiner Mutter Isolde zur Seite.

Dabei – aber das muss in Märchen wohl so sein – nimmt die Geschichte des Mädchens und des alten Gasthaus Löwen zunächst eine traurige Wendung. Mutter Ottilie Allger stirbt früh, Isolde ist gerade zwölf Jahre alt. Vater Hugo Allger ist ein gebrochener Mann, ihm machen Kriegsverletzungen zu schaffen, schließlich muss er gepflegt werden, dann stirbt auch er. Der Löwen wird verpachtet.

»Aber dann ist doch alles noch gut geworden«, freut sich Isolde Pfaff heute, und ihre Augen schweifen strahlend durch das vollbesetzte Lokal. Als ›Kräuterhexe‹ der ›Linzgau Köche‹ füllt sie seit Jahren eine märchenhafte Rolle aus und hat es geschafft, allein mit ihrer schmackhaften Kochkunst den Löwen in eine Pilgerstätte für Feinschmecker zu verzaubern.

Vielleicht ist ihr der Weg zu einer ganz besonderen Köchin in die Wiege gelegt worden, denn zunächst hat Isolde ganz andere Ziele. Sie geht in die Lehre und wird Bankkauffrau. Der Löwen bleibt verpachtet, mal ist er in guten, mal in weniger guten Händen. Der Glanz der edlen Wirtschaft lässt nach, das Löwenfell wird grau, die Mähne zerzaust. Schließlich will Isolde die alte Wirtschaft verkaufen.

Doch wieder nimmt Isoldes Geschichte eine märchenhafte Wendung. Ein Prinz in Gestalt des Schreiners Franz Pfaff taucht in ihrem Leben auf und erinnert an eine alte, schwäbische Weisheit: »Grund und Boden – zu verkaufen ist verboten!« Und der Mann weiß: »Du kannsch doch kochen.« Schließlich hat auch er sich einst von den Kochkünsten Isoldes verlocken lassen und hat ihr nach einem köstlichen Mahl die Ehe angetragen. »Ich war ja noch zu jung und nicht fähig ein Sößle zu machen«, erinnert sich Isolde an die Zeit mit ihrer Mutter in der Löwen-Küche, »aber ufpasst wie en Heftlemacher hät mer scho.« Vielleicht aber hat Mutter Ottilie ihr auch einfach ihre Gene vererbt. Denn Isoldes Kochkunst ist von Michelin-Testern ausgezeichnet, aber die Stammgäste des Löwen schwärmen noch immer vom Kartoffelsalat der Ottilie. »An den komm i wohl ni ran«, hat Isolde die Kochlöffel gestreckt.

So nimmt das Märchen – wie es sich gehört – ein wahrlich gutes Ende, auch noch mit besten Zukunftsaussichten für den Löwen. Denn wie einst Ottilie, hat auch Isolde ihren Kindern das Wirteleben vorgelebt. Und Junior Roman Pfaff ist heute schon ein ebenso leidenschaftlicher Koch mit viel Liebe für einheimische Genüsse wie seine Mutter Isolde Pfaff.

So erfolgreich, wie die Geschichte der Geburt von Klein-Isolde sich fortsetzte, so viel können die Gäste in jener Nacht gar nie getrunken haben!

FAMILIE PFAFF

Isolde Pfaff ist Ehefrau, dreifache Mutter, Köchin und vor allem Wirtin. Und was für eine! Ihre Küchentür steht immer offen, sie hat den Eingang im Blick. Jeden Teller richtet sie selbst an und weiß dazu ganz genau, was in ihrer Gaststube vor sich geht. Ihre Kellnerinnen sind ihre Spitzel, sie müssen ihr alles zutragen. »Ich muss wissen, wer was bestellt, ich kenne meine Pappenheimer.«

Auch Gäste, die sie nicht kennt, lässt sie sich kurz beschreiben. Wenn sie gehen, steht Isolde unvermittelt unter der Tür, putzt ihre Hände an ihrer Schürze ab und fragt: »Hat's g'schmeckt?«

Der Löwen ist eine Wirtschaft, wie man sie jedem Ort wünscht, und Isolde eine Wirtin, wie sie leider fast nur noch in Märchen existiert.

Ihr Mann, Franz Pfaff, hat den Löwen auf seine Weise gestriegelt. Bäuerlich romantisch von außen, innen mit afrikanischen Masken und holzgeschnitzten Kunstwerken. Er ist Schreiner, war lange Zeit in Afrika, seine Handschrift ist ebenso persönlich und einzig wie die Isoldes in ihrer Küche.

SÜSSE VERFÜHRUNGEN ALLER ART

KONDITOREI UND KAFFEEHAUS POPP, ÜBERLINGEN
Andreas Popp

Ein ganz besonderer Genusshandwerker unter den ›Linzgau Köchen‹ ist Andreas Popp. Er ist kein Koch, sondern Konditor. Und doch ist er auch ein Gastwirt wie seine Linzgau-Koch-Kollegen, der sich vehement gegen den Trend der Systemgastronomie stemmt. Denn während an vielen Ecken der Republik die Caféshops und Filial-Bäckereien mit Café-Automaten sprießen, eröffnet er zu seiner neuen Konditorei, gegen diese Entwicklung, ein klassisches Kaffeehaus.

Es ist ein wirklich genussreicher Festtag. Viele Freunde der Konditorei Popp haben schon lang darauf gewartet. Anfang Februar 2013 lädt die Familie Popp erstmals in ihr neugestaltetes Kaffeehaus ein. Angeschlossen ist ganz klassisch die neue Backstube der Konditorei.

Gastgeber und somit ein süßer Wirt ist Andreas Popp schon länger. In seiner elterlichen Konditorei serviert er seit seiner Geschäftsübernahme an wenigen Tischen seine süßen Verführungen. Aber jetzt wagt er, gegen den allgemeinen Trend, den großen Sprung und eröffnet – in Erinnerung an die berühmte Wiener Kaffeehauskultur – sein eigenes, modernes und geräumiges Überlinger Kaffeehaus.

Sieben klassische Kaffeehäuser gibt es 1969 in Überlingen, als der Senior des Familienunternehmens, Günter Popp, mit seiner Frau Rosmarie seine eigene Konditorei in der Hitzlerstraße, gründet. »Ein tot geborenes Kind!«, sagen böse Zungen übereilt voraus, »wie kann man denn am Rande der Stadt eine Konditorei eröffnen?« fragen sich die Miesepeter. Doch der Senior hält dagegen: »Wir werden mit unserer Qualität überzeugen!«

Heut schreiben viele Café-Besitzer, die in Überlingen Feinschmecker zu Kaffee und Kuchen locken wollen – sofern sie von Popp den Kuchen beziehen – dies groß und breit an ihre Werbetafeln: »Kuchen von Popp« – das ist längst das Qualitätssiegel für Überlingens Schleckermäuler.

Andreas Popp hat das Geschäft seiner Eltern übernommen, er führt es genauso weiter wie sie. »Unsere Kunden sind die Qualität von meinem Vater gewohnt, sie verlangen danach«, sagt er und beharrt auf vielen traditionellen Backrezepten, wie sie zum Teil sein Vater schon in seiner Lehrzeit kennenlernt. Backmischungen, Stabilisatoren, chemische Konservierungsmittel – dies alles gab und gibt es in der Konditorei Popp nie und nimmer!, garantiert der junge Chef.

Begonnen hat die Erfolgsgeschichte der kleinen Überlinger Konditorei in Bayern. Dass der Oberpfälzer Günter Popp schon bald seine süßen Qualitätsmaßstäbe in Überlingen serviert, ist in erster Linie seiner Frau Rosmarie zu verdanken. Sie lockt den Konditormeister an den Bodensee. Auch diese Geschichte handelt ausschließlich von süßen Verführungen, aber zunächst eher der platonischen Art:

Günter Popp arbeitet als Konditormeister in einer angesehenen Nürnberger Konditorei. Neben ihm in der Backstube steht ein befreundeter Kollege vom Bodensee. Dieser liegt Günter Popp immer wieder in den Ohren und schwärmt von diesem unvergesslichen, dunkelhaarigen Mädchen zu Hause am See. »Eine bezaubernde Frau«, verspricht er ihm, »du musst sie gesehen haben.«

Vater und Sohn gemeinsam in der Backstube. Senior Günter Popp hat Junior Andreas das Reinheitsgebot der Konditoren vorgelebt.

Doch Günter Popp fährt in seinem nächsten Urlaub am Bodensee vorbei. Er will an das damalige Ferienziel Nr. 1 aller Deutschen: nach Italien. »Aber am Lago Maggiore ging in diesem Jahr die Welt fast unter«, erinnert sich Günter Popp an den entscheidenden, regenreichen Sommer in der Lombardei, »ganze Berghänge kamen ins Rutschen, also haben wir umdisponiert und sind doch an den Bodensee gefahren.«

Dort trifft er seinen Konditorkollegen. Dieser stellt ihm ein flottes Mädchen als seine neue Freundin vor, doch Rosmarie heißt sie nicht. Sein Freund hatte bei der hübschen, dunkelhaarigen Überlingerin wohl kein Glück. Dafür lernt Günter Popp sie am nächsten Abend beim Tanz in Ludwigshafen kennen. In jedem Roman würde es nun weiter heißen: Und es ward um ihn geschehen …

Die junge Rosmarie serviert zu dieser Zeit im Überlinger ›Hotel Stadtgarten‹. Vermutlich wird der junge Günter dort schnell zum Stammgast. Er ist entschlossener als sein Kollege. Er besorgt der hübschen Bedienung Rosmarie ohne viel Aufhebens für die Wintermonate eine Stelle in Nürnberg. Noch heute schmunzelt er und fügt mit seinem unverkennbaren fränkischen Zungenschlag hinzu: »Das war doch kein Problem. Ich habe mit meinem Chef gesprochen, und er war ebenso schnell von der Frau aus Überlingen angetan.«

Hätte sein Chef das Ende der Geschichte geahnt, hätte er vermutlich nicht so schnell zugesagt. Denn lang bleibt Rosmarie nicht in Nürnberg, dann nimmt sie ihren Günter mit nach Hause an den Bodensee. Sie hat in der Hitzlerstraße in Überlingen ein Haus geerbt, das schon bald zur Top-Adresse aller Kuchenfreunde werden soll. Und damit findet die Geschichte ihre Fortsetzung mit süßen Verführungen der kulinarischen Art:

Günter Popp ist nicht nur einfach Konditor, er ist ein ehrgeiziger Konditor. Er führt die kleine Konditorei in die erste Reihe der Confiserien am See. Sein Sohn Andreas übernimmt die hohen Ansprüche: »Ich will meinen Gästen nur das Beste bieten. Ich selbst habe von meinen Eltern auch immer nur das Beste aufgetischt bekommen, meine Mutter kochte fantastisch, und mein Vater hat uns und den Gästen immer nur frische Torten und absolut feinstes Gebäck serviert.« Das hat wohl die feine Zunge von Junior Andreas gebildet. Und dann sagt er wie nebenbei, und doch klingt es wie ein feierliches Versprechen: »Warum soll ich den Kurs meines Vaters ändern, den werde ich genauso beibehalten!«

Die feine Zunge hatte einst auch schon sein Vater Günter Popp von seinen Eltern vererbt bekommen. Auch er erinnert sich an die süßen Verführungen seiner Mutter und seiner Tanten. »Bei uns wurde immer gut gekocht und gebacken, und ich wusste schon früh, das will ich auch können!«

Andreas Popp mit seinen süßen Verführungen – die Sahnetorten sind immer absolut frisch. Am Abend ist die Theke leergekauft, oder er beliefert mit den Resten die Überlinger Tafel.

Günter Popp beginnt mit 15 Jahren seine Konditorlehre. »Das war nie eine Frage, ich wollte Konditor werden und selbstständig!« Deshalb geht er nach der Lehre auf die Walz, arbeitet in den feinsten Backstuben in der Schweiz. »Bei Sprüngli und Lindt in Zürich lernte man damals, wie man Schokolade herstellt und Pralinen verfeinert.« Danach tingelt er durch die feinsten Konditoren Stuben in Bayern, bis er in Nürnberg seine Meisterprüfung ablegt und seine Rosmarie kennen lernt.

Rosmaries geerbtes Haus steht am Rande der Überlinger Altstadt. Besucher müssen den Berg hinauf und zusätzlich einige Stufen erklimmen. »Wir konnten nur mit 1A-Qualität überzeugen«, sagt Günter Popp. Doch wer ihn kennt, der weiß, auch in 1A-Lage hätte er nie anders arbeiten wollen.

Es ist die Zeit, in der die Vertreter der neuen Backindustrie-Unternehmen den Konditoren die Türen einrennen. Sie werben: »Machen Sie sich das Leben leichter – unsere Hilfsmittel sparen Personalkosten in allen Backstuben!« Und Günter Popp antwortet: »Drum nehme ich sie nicht!«

Schon bald finden sich neue chemische Substanzen in vielen süßen Stückchen im Angebot der Konkurrenz. Selbst bisher solide Konditoreien verwenden die neuen Hilfsmittelchen und rühren Sahne aus einem Pulver an, geben Stabilisatoren in die Torten oder arbeiten mit Geschmackskonzentraten. Günter Popp garantiert noch heute: »Wir nie!«

In den 70er-Jahren kommt es beinahe zu einem gerichtlichen Termin. Die Konditorei Popp stellt in einer Werbung klar: »Wir verwenden grundsätzlich keine chemischen Backhilfen«. Jetzt beginnen die Kunden die anderen Konditoren der Stadt zu fragen: »Nehmen Sie das?«

»Dann kam der Innungsmeister und forderte uns auf, diese Werbung zu unterlassen«, erinnert sich der Senior des Familienunternehmens. Sein Sohn Andreas überlegt kurz: »Dann könnten wir heute das alte Werbeplakat ja wieder aufhängen.«

Andreas Popp geht fast den identischen Weg wie einst sein Vater. Er lernt zunächst das Konditoren-Handwerk von der Pike auf. Dann macht er sich auf in die Confiserie Teuscher nach Zürich. Dort sieht er, wie man kunstvoll perfekte Pralinen zusammenbaut. In der Confiserie Jacques in Frankreich, Mulhouse, lernt der junge Popp die Kunst des komplizierten Aufbaus der vielschichtigen, klassischen französischen Kleingebäcke wie ›Petit Fours‹ oder ›sept tartes aux fruits‹ kennen. Dabei wird ihm immer bewusster: »Umso anspruchsvoller die Confiserie arbeitet, umso ehrlicher müssen die Naturprodukte sein.«

»Ein simples Beispiel ist das Eis«, sagen Vater und Sohn gemeinsam. Dabei verweisen sie auf die scheinbar kunstvollen Eisaufbauten und Eistürme in den Dessert-Schalen und wissen: »Ohne Stabilisatoren und Bindemittel würde natürliches Eis in wenigen Sekunden zusammenfallen.«

Senior Günter Popp sagt noch heute: »An gutem Eis könnte ich mich tot essen.« Andreas schmunzelt. »Darum bin ich Konditor geworden. Mir hat schon immer alles in unserer Backstube geschmeckt.«

Schon als kleiner Junge schaut Andreas gern seinem Vater und den Zuckerbäckern in der Backstube zu. »Meine Mutter wollte mich auf das Gymnasium schicken, aber ich wollte Konditor werden«, hat sich Andreas schon jung entschieden.

Als Schüler backt er die ersten Kuchen und süßen Stückchen, Weihnachtsbrötle sowieso. »Ich wurde immer mit besten Süßigkeiten verwöhnt«, freut er sich noch heute und ist sicher: »Gesunde süße Stückchen machen nicht dick!«

Popp schwört auf den Naturzucker seiner Früchte. Er verwendet in allen Tortenböden – wenn er Zucker benötigt – anstatt Industriezucker braunen Zucker. »Der hat weniger Kalorien und schmeckt leicht karamellisiert.« Statt Sahne verwendet er gern Joghurt oder Buttermilch. Er schaut an seinem 75-jährigen Vater herunter, dann an sich. Zeigt stolz auf ihre beiden Figuren und gesteht: »Wir essen jeden Tag mindestens ein Stück Kuchen.«

Das ist das Geheimnis der Konditorfamilie Popp. Alles, was sie ihren Gästen offerieren, backen sie in erster Linie für sich. »Uns muss es schmecken!«, ist ihr Qualitätsstandard. Denn um jeden Tag Sahnetorten frisch anzubieten, müssen sie jeden Tag ausverkauft sein. Zum Beispiel die Schwarzwälder-Kirsch-Torte. Jeden Tag bietet Andreas Popp eine frische an. Garantiert frisch. »Sie ist jeden Tag ausverkauft«, schmunzelt er, »sollte doch ein Stück übrig sein, essen wir es …«

ANDREAS POPP

Andreas Popp nascht zwischendurch von seinen eigenen Torten, trotzdem ist er schlank. »Das machen die Qualität und wenig Zucker«, sagt er. Vor fast 40 Jahren wunderten sich einige Neunmalkluge, warum Feinschmecker aus der Stadt bis in die Hitzlerstraße gehen sollten, um Kuchen zu kaufen. In der Hitzlerstraße stand ursprünglich das Stammhaus der Konditorfamilie Popp. Heute, seit Anfang 2013, gehen die Freunde guter Popp-Torten, Pralinen oder Petit Fours in die Hochbildstraße 23.

Andreas Popp lädt in sein neues Kaffeehaus ein. Hier hat er eine gläserne Backstube eröffnet. Die feinen Zungen schlemmen in dem modernen Kaffeehaus oder auf der Terrasse.

Andres Popp ist ein Gastgeber wie jeder freundliche Wirt der ›Linzgau Köche‹. Er will, dass seine Gäste bei ihm schlemmen und genießen. Die Kaffeehaus-Atmosphäre soll entschleunigen. Popp will, dass seine Gäste bei ihm entspannen und Süßes genießen, ohne zu bereuen.

Der Konditormeister ist für seine Gäste jederzeit zu sprechen. Er ist Konditor, Kaffeehausbetreiber und Gastwirt.

KONTAKT /// **KONDITOREI POPP** /// **ANDREAS POPP** /// **HOCHBILDSTRASSE 23** /// **D-88662 ÜBERLINGEN** /// **WWW. KONDITOREI-POPP.DE** ///

VON DER BAHNHOFSWIRTSCHAFT ZUM HOTEL-RESTAURANT

RECK'S HOTEL-RESTAURANT, SALEM-NEUFRACH
Annette und Alexandra Reck, Christine Klotz

Wirte-Kinder werden Wirte, sonst könnten sich keine Wirte-Dynastien bilden. Obwohl das Wirtsein neudeutsch ein echter Fulltime-Job ist. Die Gäste fordern morgens ihr Frühstück und spät abends die letzte Runde. Und doch streben glücklicherweise viele Kinder der Gastwirte in eben diesen Beruf.

»Ich werde Bedienerin«, sagt die kleine Chris schon mit vier Jahren. »Und ich Köcherin«, entscheidet Alexandra in eben diesem zarten Alter. Annette, die älteste der drei Reck-Geschwister, hilft zu dieser Zeit bereits ihrer Mutter Elfriede im Restaurant. Charmant und fröhlich weiß das junge Mädchen die Männer am Stammtisch zu bedienen. Diese zunächst noch spielerische Rollenaufteilung ist den drei Frauen im elterlichen Hotel bis heute geblieben.

Vater Bernhard Reck ist stolz und glücklich, dass seine drei Mädchen das elterliche Lebenswerk weiterführen. Denn der Mann hat aus einer einfachen Bahnhofswirtschaft am Rande von Salem-Neufrach zusammen mit seiner Frau Elfriede ein ganz besonders gastliches Hotel gestaltet.

Nein, von einer einfachen Bahnhofswirtschaft ist nichts mehr zu sehen. Ein kunstgeschmiedetes Eisentor öffnet sich. Das schillernde Familienwappen verweist auf Tradition. Unter den Pneus knirscht der Kies. Vor dem Gast steht mitten im Grünen ein beschauliches Hotel. Die Gartenterrasse wird von Platanen vor den Sonnenstrahlen geschützt. Weit reicht der Blick in das Salemer Tal, bis hinauf zum Schloss Heiligenberg. Ein Natur-Idyll!

Und doch, vor über 100 Jahren rangieren in Sichtweite die schweren Dampfloks der ›Großherzoglichen Badischen Staatseisenbahn‹. Die schwarzen Kolosse pfeifen, rauchen und dampfen. Der kleine Ort Neufrach ist Endstation. Die Gäste müssen aussteigen und ab hier selbst ihren Weg in das Hinterland – nach Heiligenberg, in das Deggenhausertal oder gar nach Ilmensee – finden. Ignaz Mayer erkennt seine Chance. Er baut im Trend der Zeit eine Bahnhofswirtschaft.

Wer heute Reck's Hotel betritt, sieht neben all den aktuellen Auszeichnungen von Küche und Hotel ein Porträt von Ignaz Mayer. Bernhard

Reck hat es seinem Vorgänger zu Ehren aufgehängt. Der Mann beweist um die Jahrhundertwende Weitblick und gründet indirekt das heutige Reck's Hotel-Restaurant.

Ignaz Mayer ist Viehhändler und im Holzhandel aktiv. Doch mit den ersten Dampfloks im Salemer Tal sieht er einen weiteren Wirtschaftszweig erblühen. Gäste stehen ratlos vor dem Neufracher Bahnhof: Endstation! Wo und wie geht's weiter?

Ignaz Mayer hat Antworten. Er bittet die Reisenden erst einmal zu Tisch, bietet ihnen eine Erfrischung und dann ein Taxi. Natürlich kein Auto-Taxi. Wilhelm Maybach tüftelt um 1900 noch an dem ersten Mercedes-Gefährt, das man nach heutigen Maßstäben Auto nennen darf, herum. Ignaz Mayer kutschiert seine Gäste zeitgemäß im Einspänner durchs Deggenhausertal oder in das nahe gelegene Schloss Salem.

Neufrach wird zu einem wahren Umschlagplatz, die ›Großherzoglichen Badischen Staatseisenbahn‹ zur Erfolgsgeschichte, immer mehr Personen nutzen den Zug und der Güterbahnhof weitet sich aus. Ignaz Mayer verfrachtet als Tierhändler mit der Bahn Schweine und Kühe aus dem Hinterland, die er an die Schlachthöfe der Städte verkauft. Auch den Holzhandel verlagert er von den Pferdewagen auf die Eisenbahn.

In seiner Bahnhofswirtschaft verkehren immer mehr Bahnkunden, darunter hochgeborene Adelige der Schlösser Salem und Heiligenberg. Aus Konstanz oder gar der Residenzstadt Karlsruhe kommen ministerielle Amtspersonen. Für die ersten Pendler richtet Ignaz Mayer Gastpferdeställe ein.Nach dem Zweiten Weltkrieg aber fahren die ersten Autos vor. Bald ist die Blütezeit des Bahnhofs und somit auch der Glanz der Bahnhofswirtschaft Neufrach vorbei. Ignaz Mayer ist ein tüchtiger Geschäftsmann, aber seine Leidenschaft als Gastwirt hat er keinem seiner vier Kinder vererben können.

Ganz anders in der Familie Reck. Etwa zur gleichen Zeit wächst im Ortskern von Neufrach Bernhard Reck im Bräuhaus in einer Gastwirtsfamilie heran. Das Gasthaus selbst übernimmt sein älterer Bruder, das ist Usus. »Ich werde Konditor«, entscheidet dagegen der junge Bernhard früh. »Ich hab halt gern süß gegessen«, schmunzelt der ehemalige Gastwirtssohn und heutige Gastwirt.

1950, mit 13 Jahren, geht Bernhard Reck in Überlingen in die Lehre. »Wir mussten beim Weihnachtsbrötlebacken alle singen, damit wir nicht nebenbei naschen konnten«, erinnert er sich. Nach der Ausbildung rät ihm sein Vater zu einer zusätzlichen Kochlehre. Vielleicht ist damit schon die Zukunft der Bahnhofswirtschaft in Neufrach entschieden. Denn für

Bernhard Reck beginnt eine neue Leidenschaft. »Ich war schon immer ein Schleckermaul«, sagt er. Seine Mutter hatte trotz der schwierigen Versorgungslage der Nachkriegsjahre die Familie immer mit schmackhaften Gerichten verwöhnt. »Sie war einfach eine ausgezeichnete Köchin, die aus Wenigem Gutes zu kochen verstand.«

Im Inselhotel in Konstanz erfährt der junge Konditor eine ganz andere Welt. Die noble Küche wird von der Philosophie der französischen Gourmet-Köche beherrscht. Für die Offiziere der alliierten Armee werden im Inselhotel Austern und Loup de mer serviert, dazu Champagner und Chablis. Bernhard Reck ist schnell klar, woher der Wind der internationalen Küchen weht. Dort will er hin.

In Überlingen kennt sein Vater General Lindemann. Bei ihm und einem Lehrer in der Schlossschule lernt Bernhard Reck einige Brocken Französisch, das muss genügen. Lindemann vermittelt Bernhard Reck als Jungkoch nach Dijon. »Da wurde ich ins eiskalte Wasser geworfen.«

Bernhard Reck ist jung und wissbegierig. Jeden Morgen steht er um fünf Uhr auf und geht mit dem Patron auf den Markt. »Die Franzosen sind nicht alle besonders begnadete Köche, aber sie kaufen alles frisch

Die ›Bahnhofswirtschaft‹ Mimmenhausen-Neufrach damals …

auf dem Markt ein, und daraus kochten wir täglich absolut frisch unsere Menüs. Ihre Frischeküche ist ihr Erfolg!«

»So schaffst du doch noch heute«, schmunzelt Alexandra, die heutige Küchenchefin in Reck's Hotel-Restaurant. »Mein Vater kauft alles ein, was er auf dem Markt sieht und was ihm schmeckt«, sagt sie, »du bist ein Hamsterkoch!«

»Du bist nicht anders, du nimmst das Beste und möglichst viel vom Markt mit«, kontert er, »da sind wir gleich.«

Doch Alexandra kocht heute anders als ihr Vater. Sie kocht moderner, vielleicht auch effektiver. Sie bereitet sich theoretisch auf jedes Gericht vor, ihre mis en place ist perfekt. Er gibt dagegen freimütig zu: »Wenn ich eine mis en place anrichte, liegen danach immer noch Dinge vor mir, die ich gar nicht gebraucht habe.«

»Ich koche medium minus«, erläutert Alexandra die Unterschiede, »mein Vater medium plus.«

Alexandra geht im legendären Colombi in Freiburg bei Sternekoch Alfred Klink in die Lehre. Er zählt sie noch heute zu seinen besten Schülerinnen.

… ›Reck's Hotel-Restaurant‹ heute.

Er ist es auch, der sie zu dem vielfach ausgezeichneten 3-Sterne-Koch Dieter Müller ins Schlosshotel Lerbach in Bergisch-Gladbach vermittelt. Trotzdem sagt sie augenzwinkernd: »Das Kochen habe ich bei meinem Vater gelernt.«

Auch wenn es ein freundliches Kompliment für ihren Vater sein mag, Bernhard Reck zählt zu seiner Zeit, wie heute seine Tochter, am Bodensee zu den Spitzenköchen. Er ist beeinflusst von den großen französischen Meistern.

1967 steht die alte Bahnhofswirtschaft zum Verkauf. Bernhard Reck führt nach seiner Rückkehr aus Frankreich in Meersburg eine Kantine. Doch das macht ihn nicht glücklich. »Da musste ich ganz einfach kochen«, erinnert er sich, »aber da habe ich als Küchenchef das Rechnen gelernt.« Diese Kunst lässt ihn anschließend als Gastwirt der alten Bahnhofskneipe überleben.

Schnitzel in allen Variationen stehen zunächst auf der Speisekarte der ›Bahnhofswirtschaft Reck‹. Spieß vom Grill, Omelette mit Pilzen oder Kalbshaxen und Rinderzungen. »So schlecht war das Angebot gar nicht«, sagt Bernhard Reck im Nachhinein, »aber wir mussten unseren Weg finden.« Böse Zungen sagen den Recks nach, dass man das Gasthaus bald

Wirtsstube oder Museumsraum? – Die Salemer Stube in Recks Hotel-Restaurant bietet ein adliges Ambiente zu fürstlichen Gerichten.

billig kaufen könne. Doch diese irren! Edeltraud und Bernhard Reck zeigen es den Zweiflern.

»Wir sind zweigleisig gefahren«, erklärt der Senior des Hotels seinen Erfolg. In der Gaststube gibt es Bier und Wurstsalat oder Schnitzel; im Nebenzimmer schon bald Bernhards gehobene Küche: Hier serviert Frau Edeltraud die Hors d'œuvre auf weißer Tischdecke, das Chateaubriand zerlegt der Chef persönlich am Tisch und die Desserts, ob Meringue oder Soufflés, richtet natürlich Patissier Reck selbst an.

Schon bald finden sich erste Feinschmecker als Stammkunden, die Recks Küche schätzen. Endlich kann er seiner Leidenschaft frönen. Zunächst noch mit Königinnen Pastetchen, Toast Hawaii oder Krabbencocktail. Es sind die Klassiker der 70er-Jahre. In den 80er-Jahren kommen gefüllte Kalbsbrust, Kalbsnieren und -haxen schnell hinzu. Seinem Wiener Kalbsrahmgulasch ähnelt das seiner Tochter Alexandra heute noch.

»Dann kam die Zeit der Fertigprodukte«, winkt Bernhard Reck noch immer standhaft ab, »aber das ist nicht unsere Küche!«

Tochter Alexandra lacht: »Dann wäre ich wohl eher beim Finanzamt.« Das ist ein formulierter Wunsch der Mutter gewesen. »Ernst gemeint war er nicht«, sagt sie heute.

Schließlich ist für sie, wie für Vater Bernhard, der größte Wunsch in Erfüllung gegangen. Alexandra wird Köcherin, Christiane Bedienerin, und Schwester Annette holt sich in den feinsten Hotels in Monte Carlo, Paris, Genf und Bangkok ihren Schliff zur Hotelkauffrau.

Auch die nächste Generation wuselt heute längst durch die Küche, wenn Mama Alexandra am Herd steht. Im Restaurant versuchen die Kinder von Christine ihre ersten Service-Nummern unter Aufsicht. So bleiben Wirte-Dynastien am Leben, so sterben gute Köcherinnen und Bedienerinnen zum Glück nie aus …

DREI K'S IM RECK'S

Die Alliteration Kinder, Küche, Kirche wird schon in den 1960er-Jahren im Hotel Reck's in Frage gestellt. Der neue Besitzer, Bernhard Reck, weiß, wie wichtig Kinder für den Fortbestand seines neu gegründeten Hotels sind. Er weiß auch, dass ohne das zweite K, das für die gute Küche steht, keine Gäste kommen. Doch ebenso wichtig ist ihm sein drittes K, die Kunst. Denn: »Dem Gast schmeckt's, wenn er sich wohlfühlt!« Davon ist Bernhard Reck überzeugt.

Im alten Bahnhof fühlt sich der junge Besitzer zunächst selbst nicht besonders wohl, als er das Gebäude 1967 kauft. »Es war völlig heruntergekommen«, winkt er noch heute ab. Deshalb macht er sich schon bald ans Werk und gestaltet das gesamte Areal um.

Heute glaubt man kaum noch, dass das Hotel früher eine Bahnhofswirtschaft war. Überhaupt fragt man sich in jedem Raum, was das Ensemble zu einer Einheit zusammenhält. Jeder der drei Gasträume hat sein ureigenes Flair, und doch wirkt es insgesamt wie ein auf einen Streich einheitlich geschaffenes Kunstwerk. Dabei ist der heutige besondere Glanz Stück für Stück gewachsen.

Bernhard Reck ist Gastwirt, Koch und Kunstaffin. »Ich wusste, dass ich eine heimelige Atmosphäre in dieses Haus bringen muss, aber eine typische Gaststuben-Einrichtung von der Stange wäre unsere Sache nicht gewesen.«

Im Mittelpunkt des alten Gastraums steht ein stattlicher Kachelofen. Diesen gilt es zu erhalten und zu integrieren. Er will den Raum behaglich, gar wohnlich gestalten. Die Idee einer Bauernstube verwirft er nur kurz, dann lernt er den Schreiner Hans Thoma in Bernau kennen, einen Nachfahren des berühmten Schwarzwaldmalers Hans Thoma.

Von diesem lässt sich Bernhard Reck die ersten Stühle schnitzen, von dem Meersburger Holzschnitzer Berti Brandes passende Lampenfiguren. Nach und nach kommen auch original Hans Thoma Bilder hinzu. So heißt der Thekenraum schon bald konsequent Hans-Thoma-Stube, und der Gast staunt, sich mitten im Salemer Tal in einer urigen Schwarzwald-Stube wiederzufinden.

Regionale Identität dagegen bietet das ehemalige Nebenzimmer, die Salemer Stube. Ein Hauch Salemer Schloss weht dem Gast hier entgegen. Das ehemalige Kloster ist einen Steinwurf vom Reck's Hotel-Restaurant entfernt. Bernhard Reck ist stolz auf die Parallelen. Hier soll der Gast tafeln wie einst die Äbte. Selbst eine Replik des berühmten Honigschleckers steht auf dem Sims. Er ist einer der größten Künstler, der je in Salem wirkte: Joseph Anton Feuchtmayer. Berühmt ist sein Original des Honigschleckers in der Wallfahrtskirche Birnau. Die Stuckarbeiten im Schloss von Salem sind von ihm angefertigt, Kopien finden sich auch in der Salemer Stube: Spuren seiner Kunstfertigkeit zeigen sich an der barocken Stuckdecke, ebenso kunstvoll das alte Buchenparkett.

Der Raum wirkt wie ein Teil des Klostermuseums. Bernhard Reck ist stolz darauf. Das Kruzifix in der Ecke hat er in einer Überlinger Kunstwerkstatt schnitzen lassen. Der Senior des Hauses zeigt den Gästen gern seine Kunstsammlung. Schon in jungen Jahren beginnt er mit dem Sammeln von Bildern und Antiquitäten. Und wenn er Zeit und gute Laune hat, schreitet er mit dem Gast in das dritte Zimmer: Den roten Salon.

Bernhard Reck geht auf den Blüthner-Flügel in der Ecke zu und greift in die Tasten. Seine eigene Klavierlehrerin hat ihm das gute Stück vererbt.

Auf der Terrasse hört man den Senior spielen. Dazu ein Seewein. Was hatten die Äbte für ein schönes Leben!

FAMILIE RECK

Das Hotel Reck's trägt den Zusatz Familienhotel zu Recht. Der Titel bezieht sich auf die Gäste wie auf die Wirtsfamilie. Das Seniorenpaar des Hauses darf sich langsam zurücklehnen, seine drei Töchter meistern den Betrieb heute. Trotzdem stehen noch immer alle fünf Recks jederzeit für ihre Gäste parat. Wobei die Töchter ihre Posten längst perfekt ausfüllen.

Alexandra Reck ist die Köchin, sie hat ihr Knowhow aus angesehenen Sterneküchen mit nach Hause gebracht. Annette Reck ist die Hotelkauffrau, sie kennt das Business aus den First-Class-Hotels in Monte Carlo oder Bangkok. Christine, die Restaurantfachfrau, hält den persönlichen Kontakt zu den Gästen. Allen drei Frauen ist die Leidenschaft für herzliche und individuelle Gastlichkeit im elterlichen Betrieb in die Wiege gelegt worden. Und alle drei sind bodenständige Salemer Wirtstöchter geblieben.

Wo gibt es das? Im Reck's trifft der Gast auf geballte Frauenpower. Die drei Wirtstöchter leiten mit viel Charme das heutige Hotel-Restaurant. Das ist einmalig im Linzgau!

KONTAKT /// RECK'S HOTEL-RESTAURANT /// FAMILIE RECK /// BAHNHOF-STRASSE 111 /// D-88682 SALEM-NEUFRACH /// WWW.RECKS-HOTEL.DE ///

AUS DER KLOSTERKÜCHE

SALMANNSWEILER HOF, SALEM
Andrea und Andreas Schiele

Früher haben in Salem zuerst der Abt, danach der Markgraf das Sagen. Punkt. Das Leben wird allein im Kloster oder später im Schloss bestimmt. Außerhalb wird geschuftet und im wahrsten Sinne des Wortes geknechtet. Im heutigen Stephansfeld, circa einen Kilometer entfernt vom Schloss, finden sich ›Zulieferbetriebe‹ für den geistlichen und später adeligen Hof. 1710 stehen sechs Häuser in Stephansfeld, als die Kapelle Sancta Maria Victoria neben dem heutigen Salemer Friedhof gebaut wird. Auch der heutige Salmannsweiler Hof steht schon. ›Gasthaus Sonne‹ heißt die Gaststätte. Darin werden die besser gestellten Zunfthandwerker und die fahrenden Handelsleute bewirtet.

Doch üppig schlemmen ist in jener Zeit den Fürsten vorbehalten, weniger den Zechern in gewöhnlichen Gaststätten. Edles Wild und exotische Früchte sind teuer und in den Händen der Herrschenden. Allein der Titel eines der bedeutendsten Äbte Salems verrät die überbordende Pracht: Der hochwürdige, des Heiligen Römischen Reiches Prälat und Herr des königlich eximierten, konsistorialen und unmittelbar freien Reichstiftes und Münsters der allerseligsten Jungfrau Maria von Salem regierender Abt, der beiden kaiserlich-königlichen und königlich-apostolischen Majestäten wirklicher Geheimrat, sowie des schwäbischen Reichsprälaten-Kollegiums Kondirektor und Zisterzienserordens durch Oberdeutschland Generalvikar.

In Erinnerung an die klösterliche Geschichte Salems heißt die Gasse zum ehemaligen Gasthaus Sonne heute Salmannsweiler Weg, und aus der ehemaligen Sonne wird der Salmannsweiler Hof.

Der Reihe nach: Zunächst wird nach der Säkularisierung das Gehöft als landwirtschaftlicher Betrieb weitergeführt. 1917 übernimmt Urgroßvater Volz den Bauernhof, danach der Enkel Franz Schiele, bis dessen Sohn Andreas heute Hofherr ist.

Von der Feldarbeit will der junge Andreas wenig wissen. Er hat seiner Meinung nach schon als Schulbub genug im Stall und auf dem Feld geschuftet. Er muss, wie damals alle Kinder auf dem Land, auf dem Bauernhof mit anpacken. Doch Klein-Andreas sucht schon als Schulbub lieber den Weg in die Küche. Sobald sich eine Chance bietet, bleibt er zu Hause und übernimmt Hausarbeiten.

Der Junge weiß, wie im Garten das Gemüse steht, wann die Radieschen zu ernten sind und welches Kräutlein schmeckt. »'s Veschper stand auf dem Tisch, wenn wir vom Feld kamen«, erzählt heute noch Vater Franz über seinen Sohn, »dazu hat er uns meist einen Salat mit allen Zutaten frisch aus dem Garten angerichtet oder gar Bratkartoffeln serviert.«

»Bauer will ich nicht werden!«, hat Andreas folgerichtig zunächst das Erbe weit von sich gewiesen. »Ich gehe zum Zoll«, entscheidet er sich nach der Schule und macht sich auf den Weg durch die mittlere Beamtenlaufbahn.

Die glückliche Wendung und damit den Grundstein für das heutige Hotel hatte der Vater aber schon zuvor mit seiner Frau Ursula – wohl eher zufällig – gelegt: Die beiden suchen zu ihrem mageren landwirtschaftlichen Einkommen Zusatzeinnahmen. Mit der Umwandlung des Salemer Baggersees zum Naherholungsgebiet Schlosssee sehen sie eine Chance. Die Nachfrage nach Gästezimmern wächst. »Wir hatten doch zuvor niemals gedacht, dass sich zu uns in das Hinterland des Bodensees Touristen verirren würden«, erinnert sich Franz Schiele und bietet erste Fremdenzimmer an, bald auch Kaffee und Frühstück.

Gleichzeitig wird die Existenz für Kleinbauern immer schwieriger. Mit acht Hektar Feld ist der Bauernhof auch mit Fremdenzimmern und Kaffee nicht mehr zu halten. »Wachsen oder weichen« heißt die Alternative für viele Bauern.

Doch Junior Andreas Schiele sucht einen ganz anderen Weg, den elterlichen Hof doch noch zu retten. Er ist jung, mutig und hat einen Traum. Zwar ist er gerade Beamter geworden, als Zollinspektor hat er nach einer Alternative geschaut. Doch jetzt weiß er, was er wirklich will: Ich werde statt Landwirt Gastwirt!

THEKE STATT FUTTERTROG

»Gefressen haben die Kühe in Salem, den Mist machten sie in Weildorf«, lacht Vater Franz Schiele noch heute, wenn er die alte Grenz-Geschichte erzählt. Denn sein Vater hat den Stall des Salmannsweiler Hofes 1930 erweitert und dabei kurzerhand die Grenze zur Nachbargemeinde Weildorf überbaut. Die Kühe stehen nach seinem Anbau in ihrer Box vor dem Futtertrog noch auf der Gemarkung der Gemeinde Salem – aber ihr Hinterteil steht auf Weildorfer Gebiet. »Dert hond se de Mischt g'macht!«

Vater Franz und Sohn Andreas Schiele geben die Geschichte gern am Originalschauplatz, in ihrer Gaststätte, zum Besten. Meist stehen sie sowieso schon da, bzw. dahinter. Denn wo damals der Futtertrog stand, steht heute exakt die Theke des Restaurants.

Heute ist der Grenzübertritt, der natürlich amtlich genehmigt war, unerheblich. Weildorf und Salem bilden seit der Baden-Württembergischen Verwaltungsreform eine gemeinsame Gemeinde, und von den Kühen ist nichts mehr zu sehen oder gar zu riechen. Denn Andreas Schiele hat seinen Traum längst verwirklicht und den Bauernhof zu einem Gasthof umgebaut. So ist bis heute weder von den Kühen im

Zuerst eine Gemeindegrenze, dann der Futtertrog für die Kühe, heute steht die Theke auf dem geschichtsträchtigen Platz. Küchenchef Andreas Schiele und sein Vater Franz wissen die besten Anekdoten der Salemer Geschichte zu erzählen.

Salmannsweiler Hof noch von den Mönchen im Salemer Schloss viel erhalten geblieben. Außer der Kochkunst der genussfrohen Mönche.

Andreas Schiele hat den für ihn richtigen Schritt gewagt und geht nach seiner Zeit beim Zoll in eine Kochlehre. So wie er früher in den Bauerngarten der Eltern schleicht und dort die schmackhaftesten Kräuter pflückt, so kauft er heute im Salemer Tal die frischesten Lebensmittel auf und serviert sie, meist traditionell zubereitet, seinen Gästen.

Mit ihm schließt sich ein kulinarischer Kreis, der einst mit den genussfrohen Mönchen begann. Schiele kennt Klostergeschichte und achtet seine Wurzeln. Als Euro-Toques-Koch kocht er, wie man es im Salemer Tal schon immer getan hat. Dafür hat er Rezepte aus der genussreichen Klosterküche vorliegen. Er hat sie sich alle in dem Kloster-Archiv besorgt: ›Herrgottsbscheißerle‹, also Maultaschen, oder Fisch- und Schneckengerichte serviert er original nach Art der Salmannsweiler Mönche.

Seine Gäste haben zwar keine solch überbordenden Titel wie einst der berühmte Abt Anselm II. Aber sie alle werden heute in seiner Gaststätte so fürstlich bekocht, als wären sie Äbte oder Fürsten.

Und manchmal fährt Schiele sogar wahrlich königlich auf. Als Caterer ruft ihn hin und wieder der Markgraf. Aus dem bäuerlichen Zulieferbetrieb im Stephansfeld wurde mit Andreas Schiele längst ein offizieller ›Königlicher Hoflieferant‹.

DR. OETKER UND BAHLSEN

Prominenz ist in Salem schon immer zu Hause. Nach den hochwürdigen Äbten und hochgeborenen Markgrafen besuchen in der jungen Republik viele Adelige und Finanzkinder das Eliteinternat im Schloss Salem: zunächst Golo Mann, Elisabeth Noelle-Neumann, Hildegard Hamm-Brücher, Eberhard von Kuenheim oder August Oetker. Auch Prinz Philip ist ein Zögling des berühmten Promi-Internats. Lang nach seiner Schulzeit besucht er 1965 Salem wieder, jetzt mit der englischen Queen, die zwischenzeitlich seine Frau geworden ist. Prinz Philip übernachtet mit Königin Elisabeth II. bei der markgräflichen Familie im Schloss.

Die Gastfreundschaft der Familie Schiele hat die Queen gleich bei der Ankunft erfahren. Als sie den großen Bahnhof, der für sie veranstaltet wird, im kleinen Bahnhof Salem genießt, schreitet sie über einen roten Teppich, den Vater Franz Schiele damals mit weiteren Salemer Helfern für sie ausgelegt hat.

Zwei Tage bleibt die Queen im Linzgau. Den Salmannsweiler Hof besucht sie nicht, ihn gab es damals noch nicht. Aber unabhängig davon wäre sie vermutlich kaum in das Restaurant gegangen, denn Elisabeth II. lässt sich nur Tee servieren, der mit original englischem Wasser aufgegossen wurde, das sie selbst auf ihre Reise mitgenommen hat.

Dafür steigen nach ihr im Salmannsweiler Hof andere Promi-Familien ab. Unter anderem bekocht Andreas Schiele Dr. Rudolf-August Oetker. Der mächtige Nahrungsmittelkonzernlenker lässt gleich ein ganzes Familienfest im kleinen Salmannsweiler Hof ausrichten. Eine Enkeltochter feiert während ihrer Schulzeit im Internat die Konfirmation. Von Oetkers heutigem Kochstudio und seinem tv-Koch Jörg Götte ist noch nichts zu vernehmen.

Andreas Schiele stellt sich für die Oetkers in seinem Restaurant selbst an den Herd. Schließlich kommt Schiele direkt aus der Küche des Nobel-Restaurant ›Rössle‹ in Bad Wurzach. Dort hat er sein Handwerk mit feinsten und hochwertigen Lebensmitteln erlernt. Die allerdings liefert der edle Feinkostservice ›Rungis-Express‹ auf dem Weg nach

Traditionelle Speisen aus der Klosterküche Salems stehen heute bei Andreas Schiele auf der Speisekarte, wie ein kulinarisches Kulturgut.

München ins ›Tantris‹. Jetzt, in seinem Salmannsweiler Hof, da will Schiele von Anfang an bodenständig und vor allem mit regionalen Lebensmitteln kochen. Ein kunstvoller Spagat, für den er noch heute jede anspruchsvolle Herausforderung angeht.

Zunächst muss er aber den Speiseplan mit Oetkers Tochter exakt abstimmen. »Unseren Bodensee Sekt zum Apero wollte die Familie schon mal nicht«, erinnert sich Schiele, »da musste sofort Fürst von Metternich her.«

Andreas Schiele setzt ruhig und stoisch – wie er ist – auf sein Können und, wie vorgenommen, auf die Genüsse der Region. Selbstbewusst bietet er badischen Spargel mit Bodenseefisch und Kalbsmedaillons aus dem Salemer Tal. Und von wegen Dr. Oetker Eis. »Zum Nachtisch bestellte Frau Oetker hausgemachtes Vanilleeis mit heißen Himbeeren«, erzählt Schiele noch heute mit Stolz, »und dann servierte ich zum Kaffee selbst gemachte Pralines fines und frische Kekse.«

Doch dann holt Andreas Schiele noch heute tief Luft und gibt Dr. Oetkers Kommentar nach seinem ersten Bissen in seine extra mühevoll servierte Backkunst wieder: »Da schau: Bahlsen!«

ANDREA UND ANDREAS SCHIELE

Andreas Schiele überredete seine große Liebe, umzuschulen. Er träumte von seinem eigenen Landgasthof und wusste, für sein Hotel braucht es eine Wirtin. Nicht nur für ihn, wohl auch für alle Feinschmecker, war das Ja-Wort von Andrea ein Glück.

Wer auf den Hof der beiden fährt, fühlt sich schnell zu Hause. Dazu begrüßt Senior Franz Schiele die Gäste gern mit einem seiner selbstgebrannten Schnäpse. »Kein Hosenscheißerschnaps«, strahlt er und lässt dem Gast die Wahl zwischen den vielen Obstsorten, die im Salemer Tal gedeihen.

»Salemer Tal genießen« heißt auch die Vereinigung, der sich Andreas Schiele als Koch angeschlossen hat. Es gibt wenige Restaurants in Salem, die den Slogan so schmackhaft und getreu umsetzen wie er. Dabei schreckt Schiele vor einfachen Gerichten, mögen sie zunächst auch unspektakulär klingen, nicht zurück. Doch was er dann aus klassischen Salemer Lebensmitteln – meist von Biohöfen – zaubert, ist gehobene Kochkunst.

KONTAKT /// SALMANNSWEILER HOF /// ANDREA UND ANDREAS SCHIELE /// SALMANNSWEILER WEG 5 /// D-88682 SALEM /// WWW.SALMANNSWEILER-HOF.DE ///

VÖGELE XI.

LANDGASTHOF ZUM ADLER, ÜBERLINGEN-LIPPERTSREUTE
Peter Vögele

Was für eine lang anhaltende Wirtedynastie! Vor über 400 Jahren übernahm einer der Vorvorvor…-fahren Peter Vögeles den damals schon 100 Jahre alten ›Adler‹ in Lippertsreute. Heute führt Peter Vögele das Gasthaus als elfter Vögele-Wirt. Es scheint, als haben sich in ihm alle Erfahrungen und Erkenntnisse seiner zehn Vorfahren potenziert. Peter Vögele ist gerade mal knapp über 50 Jahre alt und schon ein Original unter den Linzgau-Wirten. Der Mann ist leidenschaftlicher Koch, Gastwirt mit ganzem Herzen, Herbergsvater, manchmal Entertainer, Familienvater und wortgewaltige Stimme im Überlinger Gemeinderat.

Auch da hält Peter Vögele die Tradition aufrecht. Sein Vater Ernst war lange Jahre Bürgermeister in Lippertsreute, seine Schwester Ortsvorsteherin. Schon seit 1461 wird am Stammtisch im Adler Politik gemacht. An der ›Weintafel‹ sitzen die angesehenen Hofbesitzer des Bauernortes, zu denen auch der Adler-Wirt zählt.

Lippertsreute ist eine kleine Gemeinde zwischen dem mächtigen Kloster Salem und der Freien Reichsstadt Überlingen. Die Bauern müssen hart um ihre Rechte und ihr Auskommen kämpfen. Ein Dorf-Amann ist von den Herrschaften als Scharnier zwischen Obrigkeit und Bewohnern eingesetzt. Er kennt die Bürger, aber auch ihre Nöte. Doch auch von ihm wollen Adelsleute keine Widerworte hören. Am Rande von Lippertsreute, im heutigen Gasthaus Schwert, wohnt der Scharfrichter. Todesurteile sind in der damaligen Zeit schnell gefällt. Im nahen Kloster Salem herrscht der Abt wie ein Fürst. Er ist auch eine weltliche Macht, das zeigt das Zisterzienser Kloster als wirtschaftliches Imperium deutlich. Der Überlinger Rat beharrt auf seiner Reichsunmittelbarkeit und verwaltet Besitzungen auch im Hinterland. Bauerngehöfte, auch in Lippertsreute, gehören der Stadt Überlingen, dazu verwalten den Ort die Deutschordenskommende Mainau.

Im Schloss Heiligenberg regiert durch eine Heirat seit 1535 der Fürst zu Fürstenberg. Auch er versucht, seinen Besitz auf Kosten der Orte rund um sein Schloss zu mehren. Dazu kommt, dass die Adelshäuser und Freien Reichsstädte untereinander sich nicht freundlich gesonnen sind.

500-jährige Geschichte, die man als Gast inhaliert: Der stattliche Adler der Vögeles verspricht von außen nicht zu viel.

Da ist der damals schon stattliche Adler in der kleinen Gemeinde Lippertsreute nur Zwischenstation. Im Adler stehen die Rösser der Fürstlich Fürstenbergischen Post unter.

Die Familie Vögele versorgt gegen ein Entgelt die edlen Pferde des Fürsten. Im 19. Jahrhundert fährt die fürstliche Kutsche jeden Tag vor. Die Rösser müssen alle 24 Stunden ausgeruht, gestärkt und glänzend gestriegelt vor dem Wirtshaus bereitstehen. Die Kutscher haben wenig Zeit. Schnell wird ausgespannt und neu angeschirrt. Sie müssen die Pferde von der Donauquelle, dem Stammsitz der Fürstenbergs, bis hinauf nach Heiligenberg treiben. Dort herrscht seit 1817 Fürstin Elisabeth zu Fürstenberg. Sie bekleidet hohe kaiserliche Ämter.

Heute stehen statt edler Pferde manch edle Nobelkarossen vor dem Adler. Es hat sich längst herumgesprochen. Der elfte Vögele in der Reihe der Adler-Wirte hat dem Traditionshaus neue Impulse geschenkt. Peter Vögele übernimmt 1989 von seiner Mutter den Adler und poliert sein Gefieder neu auf. Sein Vater Ernst Vögele ist schon früh gestorben, doch Mutter Friederike Vögele hält die Gastwirtschaft bis zu seiner Übernahme am Laufen.

Peter Vögele renoviert das imposante Fachwerkhaus, ersetzt manche morsche Diele durch neues Eichenholz, baut den Gastraum mit neuen

Birnenholzbänken aus dem eigenen Garten behutsam um und belässt dem gesamten Ensemble seinen historischen Charakter. Das alte Brauhaus neben der Wirtschaft modelt er zu einem modernen Gästehaus um, aus dem leer stehenden Braukeller zaubert er eine Vinothek.

Als ›Weintafel‹ finden sich in den Archiven 1461 die ersten Eintragungen zum Adler der Vögeles. Das lässt auf ein gehobenes Publikum schließen. Wein aus teuren Trauben, den trinken wohlhabende Bürger und stattliche Hofbesitzer. Most von Streuobstwiesen, das ist für die Knechte, Landfahrer und das Volk. Ab 1834 serviert die Familie Vögele aber auch Bier, und zwar selbst gebrautes. Noch heute steht dem ansehnlichen Restaurant gegenüber das eher einfache Gebäude. ›'s Brauhaus‹, sagt die Mutter von Peter Vögele noch immer dazu. Bier wird zum Modegetränk. Doch um Bier zu brauen, muss es kalt sein, und es will kalt gelagert werden. Lippertsreute steht auf Sandsteinfels. Die Vögeles graben für ihr Bier tiefe Keller aus und stellen davor ihre Braubottiche in das neu gebaute Brauhaus. Noch heute führen unterirdische Gänge vom Brauhaus bzw. jetzt Gästehaus, in die dunklen Gewölbe, in denen das Bier in Fässern lagert.

1919 kommt es im Ort zu einer großen Hochzeit. Der Adlerwirt Junior Ferdinand Vögele heiratet die Brauereitochter Luise Keller. Die Familie Keller hat in der Nachbarschaft eine Brauerei. Ferdinand Vögele ist der Schwiegervater der heutigen Oma Friederike Vögele. Sie kommentiert die Geschichte trocken: »So hat man bei den Kellers das Bier bezogen und die Frau gleich dazu.«

Peter Vögele hat den alten Bierkeller umgebaut. Als Gourmetkoch sind ihm seine Weine heute im ehemaligen Bierkeller lieber. Hier verführt er seine Gäste zu manch überbordenden Weinproben. »Wein muss man riechen«, rät er den Gästen, »den Duft sanft durch die Nasenhöhlen inhalieren, dann kann man ihn schmecken.« Doch für ihn gilt: »Ich trink ihn lieber!«

400 JAHRE UND KEIN ENDE …

»Es war eine charmante, ganz tolle Frau«, erinnert sich Friederike Vögele an den Stammgast. Ihr Sohn Peter winkt ab: »Wenn du meinst …« Auch er erinnert sich an diese Frau noch ganz genau. Ein Jägeromelette hatte sie bestellt. Ein Omelette mit Pilzen. Der junge Peter Vögele steht in der Küche seiner Mutter. Gerade hat er seine Lehre abgeschlossen. Er ist jetzt ausgelernter Koch. Nicht irgendein Jungkoch, er hat sein Handwerk in einem Sterne-Restaurant erlernt. Er hat in der damals berühmten

Friederike Vögele gehört mit ihren 90 Jahren noch immer zur Küchen-Brigade ihres Sohnes Peter. ›Kartoffelsalat muss frisch sein‹, deshalb schält sie täglich.

Kavelmann-Brigade im legendären Hirschen im Glottertal gekocht. Der Hirschen ist für viele das Gourmet-Restaurant Freiburgs schlechthin. Ein Omelette, das ist für Köche dieses Formats eine Kleinigkeit.

Peter Vögele weiß, was er zu tun hat. Jedes Gericht will er gewissenhaft servieren. Ein Omelette backt man nicht mehr braun, man schlägt das Ei nicht zu luftig, lässt das Mehl ganz weg und serviert nur geschlagen. Ein Omelette ist kein Pfannkuchen! »Fast wie ein Soufflee«, schwärmt Peter noch heute von seinem Glottertäler Omelette. Er richtet es nach den Maßstäben der Nouvelle Cuisine perfekt an und gibt sein Werk stolz zum Pass.

Doch bevor er durchatmen kann, steht sein lockergeschlagenes und sanft gebackenes Omelette wieder vor ihm. »Das isst sie nicht!«, sagt die Bedienung forsch, »sie will das Omelette durchgebacken.«
Peter Vögele holt tief Luft. Schluckt und wiederholt die lobende Charakterisierung des Gastes seiner Mutter noch heute unverständlich vor sich hin: »Sie – eine ganz tolle Frau …«

»Das ist bei jedem Stabswechsel in der Küche normal«, weiß Vögele heute, »die Stammgäste wollen nur langsam und sehr vorsichtig mit neuen Rezepten konfrontiert werden. Neu ist für sie nicht immer gleich besser.«

Heute gibt er in der Küche die Richtung vor. Die heutigen Stammgäste kommen wegen seiner Küche. Seine Mutter mit stolzen 90 Jahren zählt noch immer zu seinen Kritikern, und er sagt liebevoll über sie: »Sie macht den besten Kartoffelsalat.« »Das sagt er nur, dass ich ihn noch weiter mache«, lacht sie und pellt tatsächlich in ihrem hohen Alter noch immer mit

Auch innen schenkt die alte Gaststube dem Besucher eine heimelige Geborgenheit.

ruhiger Hand die Schalen der heißen Erdfrüchte. Dann schaut sie stolz zu ihrem Sohn auf: »Ich hätt ja nie gedacht, dass der Peter das überhaupt macht, nachdem er in München studiert hat …«

»Ja wer hätte es denn sonst von deinen Kindern machen sollen?«, kontert er und stichelt: »Wenn die lieber Lehrer werden? Einer muss ja schaffe!«

Acht Kinder zieht Mutter Friederike Vögele groß. Erst der Jüngste, Peter, lernt Koch.

Früher ist die Nachfolgerregelung ungeschriebenes Gesetz. Wie selbstverständlich tritt der Erstgeborene das Erbe an. Doch die Kids der Nachkriegszeit streben in weiterführende Schulen. Auch Peter baut zuerst das Abitur. Dann geht er zwar in eine Kochlehre, aber trotzdem zieht es auch ihn in die Stadt an eine Universität. In München studiert Vögele Betriebswirtschaftslehre.

»Da war aber schon ziemlich klar, dass ich den Adler übernehme«, erinnert sich Vögele, »ich habe in jeder freien Minute zu Hause meiner Mutter geholfen.« Sie ist zunächst der Garant, dass der Adler auch nach dem Tod ihres Mannes, Ernst Vögele, weiter flattert.

Peter Vögele hat aus der Erfahrung seiner Eltern gelernt. »Wenn man auf einen Nachfolger hofft, braucht man mehr als zwei Kinder«, schmunzelt er. Mit seiner Frau Verena sorgt er für die Möglichkeiten. Zwei Töchter und drei Söhne gehören zu dem Leben in dem 500 Jahre alten Landgasthof. Die Vögele-Dynastie hat so alle Chancen, weiter zu bestehen. Vögele XI. kann heute, dank dem neuen Namensrecht, auch verheiratet eine Frau sein. Die Freunde der Linzgauer Wirtshauskultur sehen ihre Chancen nicht schlecht. Denn der Adler steht unter Naturschutz und darf nicht sterben!

Übrigens: Das Ende der Omelettegeschichte bietet eine weitere Bestellung an diesem Tag. Noch ein Omelette, wieder für einen Stammgast. Der engagierte Nachwuchskoch aber gibt sich geschlagen. Oma Friederike lacht noch heute. »Da hat er sich schnell zum Küchenchef aufgeschwungen«, erzählt sie, »und mir befohlen: Das machst jetzt du!«

PETER VÖGELE

Da stimmt wirklich noch alles, es ist wie in einem alten Märchen, nur real: Der stattliche Landgasthof lockt mit einer historischen Fachwerkfassade. Innen knarren alte Holzdielen, am Stammtisch sitzen die Einheimischen, an den Tischen nebenan schlemmen Feriengäste. Wer den Adler betritt ist schnell gefangen von der historischen Gaststube, den urigen Gasträumen und vor allem von den Gerüchen der Küche. Patron Peter Vögele ist ein ausgezeichneter Koch und herzlicher Wirt.

Vögele bietet zu seinem Traditionshaus passend die Klassiker der regionalen Küche. Viele standen zum Teil schon bei seiner Mutter auf der Speisekarte, doch damals waren Ochsenschwanz, Kalbsnierle oder Mistkratzerle noch wenig spektakulär. Vögele zaubert aus dem Erbe der Badischen Sonntagsküche wahre Gourmetteller.

Jeden Abend sieht der Koch als Wirt auch im Gastraum nach dem Rechten. Er kommt in seiner Kochmontur direkt vom Herd, sein Rundgang durch seine Wirtschaft wirkt wie ein Treffen unter alten Freunden.

Peter Vögele ist ein Traditionalist im besten Sinne. Er ist ein Wirt, von denen man hofft, sie mögen nie aussterben.

☞ KONTAKT /// LANDGASTHOF ZUM ADLER /// PETER VÖGELE ///
HAUPTSTRASSE 44 /// D-88662 ÜBERLINGEN-LIPPERTSREUTE ///
WWW.ADLER-LIPPERTSREUTE.DE ///

LANDWIRT UND GASTWIRT

NATURHOTEL MOHREN, DEGGENHAUSERTAL-LIMPACH
Jürgen Waizenegger

Wo gibt es das noch? Gastwirte wie Jürgen Waizenegger sind heute eine Rarität, eigentlich sind sie längst ausgestorben. Dabei war ihr Arbeitsablauf früher ganz alltäglich: Wirte, die am Abend ihren Gästen das Essen servieren, züchten die Lebensmittel tagsüber auf dem Feld. Was bei der Bauernfamilie auf den Tisch kommt, wird in der Wirtsfamilie mit dem Gast geteilt. Aus Bauernhäusern werden so die ersten Landgasthöfe. Auch in Limpach wird aus einem ansehnlichen Bauernhof ein Gutsgasthof, danach das Naturhotel Mohren.

1712 erteilt das Haus Fürstenberg dem Gutshof das Recht zur Führung einer ›Gast- und Tafernwirtschaft‹. Dafür kassiert die fürstliche Verwaltung des Hohen Hauses Fürstenberg mit Sitz in Heiligenberg eine Tranksteuer und Ohmgeld. Heute heißt das lapidar: Alkohol- und Umsatzsteuer, beide werden vom Staat erhoben. Aber was trotz moderner Zeiten in dem kleinen Fleck Limpach, in der Abgeschiedenheit des Höchsten, bleibt: Der Mohrenwirt teilt weiterhin mit seinen Gästen, was er tagsüber als Landwirt auf seinen Feldern erntet.

Damit ist Jürgen Waizenegger ein Novum unter den zeitgemäßen Köchen. Denn Waizenegger spezialisiert sich nicht als Gastromanager, sondern steigt bewusst in die bäuerlichen Fußstapfen seiner Vorfahren. Der Mann lernt, bevor er Koch wird und den Kochlöffel schwingt, das Handwerk des Bauern und spannt den Pflug ein.

Es ist eine ganz besondere Philosophie – und doch eine althergebrachte. Jürgen Waizenegger arbeitet, wie es ihm die Gründungsväter des Gutshofs seit Jahrhunderten vormachten. In seiner Gaststube führen die urige Einrichtung, der wärmende Kachelofen und die holzgetäfelten Wände nicht in eine verklärte Irre. In Waizeneggers Naturhotel wird noch heute zünftig serviert, das heißt nach uralt hergebrachten Methoden, bodenständig und naturnah.Überhaupt naturnah! Das hat auf dem Gutshof eine gewachsene Tradition und soll nicht verändert werden. Früher war es in allen Gasthäusern normal – heute in nur noch ganz wenigen. Doch schon der Großvater von Jürgen Waizenegger, Opa Gebhard, begrüßt die Industrialisierung der Landwirtschaft auf seinem Gutshof nur zurückhaltend.

Und auch Jürgens Vater, Alois Waizenegger, ist ein besonnener Landwirt, genauer gesagt Agraringenieur. Er kommt in den 1960er-Jahren auf den Gutshof und muss sich auch mit dem Sterben der Bauernhöfe herumschlagen. Er versteht sich schnell mit seinem Schwiegervater Gebhard, beide glauben nicht an unbegrenztes Wachstum und eine immer intensivere Landwirtschaft. »Ich hatte von der vielen Spritzerei die Nase voll!«, sagt Alois Waizenegger noch heute engagiert und stellt in den 80er-Jahren seinen Bauernhof auf einen Bio-Betrieb um. Ihm ist es zu verdanken, dass der Hof seit 1988 Bio-zertifiziert ist.

Die oberschwäbischen Bauern lachen die Waizeneggers als reine Theoretiker aus und spielen damit auf Jürgens Universitätsausbildung an. »Wenn Sie was anderes machen, gelten Sie immer als Spinner«, winkt der Grand Seigneur des Gutshofes heute lässig ab. In seinem Urteil bleibt er stur: »Die Chemie macht unsere Böden auf Dauer tot!« 35 Hektar Land stellt er um und wirtschaftet über Nacht ohne Chemie bzw. Kunstdünger. »Und es geht!«, freut er sich.

Als Landwirt hat Alois Waizenegger sein Ziel erreicht, aber auch der Gastwirt Alois Waizenegger bzw. sein Gäste profitieren: Der Bauer Waizenegger schafft – wie seine Vorfahren – die gesunden Natur-Lebensmittel in die Restaurant-Küche seiner Frau Hildegard. Sie verarbei-

Landwirt und Gastwirt – Jürgen Waizenegger steht zu dem traditionellen Erbe des Landgasthofs. Vor seinem Gutshof grasen seine Angus-Weiderinder als Herde. Ganz natürlich, ohne fremdes Futter – bio! eben.

tet die natürlichen Früchte, jetzt mit offiziellem Bio-Siegel, für ihre Gäste in der Wirtschaft.

»Man hat weniger Ertrag und braucht dafür einen höheren finanziellen Betrag«, ist die logische Gleichung der Waizeneggers. Doch im Restaurant lassen sich ihre hochwertigen Produkte zu einem angemessenen Preis verkaufen. Ihre Gäste sind für guten Geschmack bereit, auch einen guten Preis zu bezahlen. Still und leise wächst auf dem Höchsten ein ganz besonderes, aber noch nicht zertifiziertes, Bio-Restaurant heran.

Der heutige Gastwirt Jürgen Waizenegger macht Nägel mit Köpfen. Konsequent gestaltet er aus dem Gutshof ein zertifiziertes Naturland-Hotel. Seit 2005 ist auch das Restaurant nach den strengen Richtlinien der Biohotels e.V. zertifiziert.

Für Jürgen Waizenegger ist der Schritt überfällig. Er hat den natürlichen Zusammenhang von Landwirtschaft und Gastwirtschaft verinnerlicht. Seine Eltern haben es ihm vorgelebt. Er darf es sinnlich, sichtbar, fühlbar und vor allem genussreich erfahren.

Auf den Wiesen vor dem Gasthaus grasen die Rinder, die Schweine suhlen sich auf dem Feld im Freien, Gemüse und Kräuter wachsen vor

In der Gaststube des Mohren führen die ländliche Einrichtung, der wärmende Kachelofen und die holzgetäfelten Wände nicht in eine verklärte Irre. Hier wird noch traditionell serviert, was auf den eignen Feldern wächst.

der Küchentür. Und Mutter Hilde verwöhnt ihn mit frischem Gemüse vom Feld oder schmackhaftem Rauchfleisch aus der eigenen Rauchkammer.

Jürgen Waizenegger ist kein Yuppi, kein young urban professional, sondern ein Kind von Bauern- und Wirtsleuten. So ursprünglich, wie er seine Welt erfahren hat, so bodenständig plant er sein Berufsleben. Er will zunächst einfach Bauer werden. Im Musterhof des Klosters Sießen bei Ostrach lernt er zu verstehen, was er zu Hause gesehen hat: ganzheitliche Landwirtschaft.

Danach geht der junge Waizenegger konsequent in die Küche des damals prominenten Restaurants in Oberschwaben, zu Andreas Kleber in seine legendäre ›Kleber-Post‹ in Saulgau. Danach erst fühlt er sich gerüstet, den Gutshof Mohren als Einheit zu einem Bio-Hof umzurüsten.

Einfühlsam und betulich stellt Waizenegger zu Hause die Weichen für sein Projekt. »Vieles war schon geregelt, manches noch ganz urban gelassen«, sagt der heutige Naturhotelwirt bescheiden, »meine Großmutter Maria hat schon das beste Zwiebelfleisch gemacht, und meine Mutter hat viele Klassiker von ihr übernommen.« Mit einem zwinkernden Auge schiebt er nach: »Viel besser haben wir in der Kleber-Post auch nicht gekocht, nur aufwendiger.«

Jürgen Waizenegger ist kein Ökofreak, aber er steht zu der natürlich gewachsenen Tradition: »Erstens schmeckt man, was mit Zeit und auf natürliche Art und Weise heranwachsen durfte, und zweitens macht es Spaß, in einem nachhaltigen Netzwerk mit Lieferanten und Gästen zu leben.«

Dieses Netzwerk baut Waizenegger behutsam auf. Im Linzgau findet er schnell viele Mitstreiter. Der Landstrich hat ohne Zweifel magische Kräfte. Das Naturhotel Mohren liegt auf der europäischen Wasserscheide zwischen Donau und Rhein, genauer zwischen Illmensee und Bodensee. Viele Anthroposophen haben hier alte Bauernhöfe übernommen und als Demeter-Betrieb vor dem Tod bewahrt. Einige von ihnen zählen heute zu den Bio-Lieferanten der Mohrenküche.

Jürgen Waizenegger, der Landwirt und Gastwirt arbeitet, nach zwei Grundsätzen. Als Landwirt weiß er: »Gut schmeckt, was natürlich, artgerecht und nachhaltig wachsen darf!« Als Gastwirt weiß er: »Nur wer Schmackhaftes in den Topf steckt, holt Geschmack heraus!«

DAS ERBE VOM OPA UND DORFSCHULTES

Es ist ein schmackhaftes Erbe des heute jungen Hotelmanagers Waizenegger. Sein Großvater Gebhard war Land- und Gastwirt sowie von 1945 bis 1970 Bürgermeister der Gemeinde Homberg-Limpach. Sein Enkel Jürgen Waizenegger erinnert sich gern an ihn, denn ihm hat er seine besten Holunderbeeren zu verdanken. Vielleicht hat Opa Gebhard die herrlichen wilden Holundersträucher nur wegen Oma Marias Marmelade stehen lassen. Tatsache jedenfalls ist, dass Jürgen Waizenegger heute mit den alten Holunderbeeren, die er entlang der Parzellen seiner Felder erntet, die leckersten Wildsoßen zaubert.

Dabei gibt es eine Zeit, da werden die verholzenden Pflanzen mit Stil und Wurzeln aus der Erde herausgerissen. Es ist zu Beginn der 70er-Jahre, als die Flurbereinigung für große und weite Felder sorgt. Die kleinen Parzellen der Bauern müssen dem Fortschritt weichen. Auf vielen kleinen Äckern stehen zur Abgrenzung an das Nachbarfeld Büsche und Sträucher. Diese müssen weg, größere Maschinen sollen ungehindert zum Einsatz kommen können.

Großvater Gebhard ist der Bürgermeister von Homberg-Limpach. Der landesweiten Flurbereinigung kann er sich nicht in den Weg stellen. Aber auf den eigenen Äckern belässt er vieles, wie es ist. Der Mann setzt sich frühzeitig für die intakte Natur rund um seinen Hof ein, und zu dieser Natur gehören für ihn auch die vielen wilden Holunderbüsche auf den Feldern.

Es gibt viele Arten Holunder, heute werden sogar wieder einige Holunderkulturen angepflanzt. Der Geschmack und auch ihre heilende Wirkung sind unbestritten. Doch die alte Kultur, der ›wilde Holunder‹, ist kaum neu zu bepflanzen. Unwiederbringlich sind die Sträucher, die in den vergangen Jahren der modernen Landwirtschaft weichen mussten.

Jürgen Waizenegger verdankt seinen wilden Holunder seinem Großvater. Seit Generationen wachsen sie auf den Höhen des Höchsten. Sie brauchen dort länger, bis sie reif sind, und selbst den Vögeln sind sie oft zu geschmacksintensiv. »Auch Vögel mögen es lieber süß«, weiß der Küchenchef des Mohren. Deshalb macht er aus seinen Beeren ein Konzentrat und fügt etwas Zucker hinzu. Perfekt zur Abrundung eines jeden Wildgerichts.

BAUERN-PRÄDIKAT

Liebe geht durch den Magen! Wie wahr dieser Spruch ist, erfahren vor allem hungernde Menschen, die in Zeiten knapper Lebensmittel mit Nahrungsmitteln beschenkt werden.

Es ist Kriegsende, das nördliche Bodenseeufer und Teile des Linzgaus sind arg geschunden. Bomber der Alliierten haben nicht nur die Industriestadt Friedrichshafen völlig vernichtet, selbst umliegende Orte werden von Brandbomben zerstört. Es herrscht Hunger.

Vom Mohren in Limpach aus kann man die Feuer, vor allem in der schrecklichen Kriegsnacht des 28. April 1944, sehen. Gebhard Hügle ist zu dieser Zeit der Mohrenwirt, die Nazis hatten ihn als Dorfschultes abgesetzt, doch jetzt sind die fürchterlichen Folgen arischen Denkens und Überrüstung für alle sichtbar.

Die Menschen, die die vernichtende Bombardierung überleben, getrauen sich erst am nächsten Tag aus ihren Kellern. Sie suchen Nahrung. Friedrichshafen liegt in Trümmern.

Im Hinterland des Deggenhausertals säen in jenen Apriltagen die Bauern auf ihren Feldern in eine ungewisse Zukunft. »In Krisenzeiten zeigt sich die Stärke der Bauern«, sagt Jürgen Waizenegger mit Blick auf die Geschichte der Nachkriegszeit, aber auch mit ungewissem Blick im Heute. Bankencrash und Eurokrise verunsichern den Finanzmarkt.

Jürgen Waizenegger sitzt mit seinem Vater auf der Terrasse ihres Mohren, beide blicken hinunter auf den See. Bei den Worten Cashflow und Derivate winken sie ab. Sie haben sich bewusst für ein bäuerliches Leben entschieden. »Zu einem Landhotel gehört ein Bauernhof«, analysiert Jürgen Waizenegger seinen Cashflow, »das ist doch ganz normal«, echauffiert er sich, »nur auf einem Bauernhof findet sich immer etwas zu essen.«

Dies haben auch die Überlebenden des Zweiten Weltkriegs erfahren. Im Deggenhausertal klopfen die obdachlos gewordenen ehemaligen Fabrikarbeiter an die Türen der Bauernhäuser. Nach Erzählungen der Alten am Stammtisch klopen sie im Mohren nicht vergeblich. Kartoffeln und Brot tauschen die Bauern gegen Waren. Manch geschundener Familie schenken sie auch mal Lebensmittel. Noch heute wird darum im Volksmund das Deggenhausertal mit einem ganz besonderen Prädikat ausgezeichnet: Tal der Liebe!

(Freilich, dabei ergaben sich auch manche Bekanntschaften und tatsächliche Liebeleien …)

JÜRGEN WAIZENEGGER

Jürgen Waizenegger ist als Hotelier, Koch und Landwirt Überzeugungstäter. Sein eigener Bauernhof ist heute der zuverlässigste Lieferant für sein Bio-Restaurant. »Bei uns greift alles Hand in Hand«, freut sich der engagierte Hotelier. In seiner Küche werden ausschließlich Bio-Produkte verwendet. Der eigene Hof liefert dafür fast alles: Angus-Weiderind und Schwäbisch Hällische Landschweine, verschiedene Gemüsesorten und Kartoffeln.

Jürgen Waizenegger hat Respekt vor der Natur und dem Erbe seiner Vorfahren. »Ich möchte die Tradition erhalten und gesunde, natürliche Lebensmittel vom Feld servieren; und Menschen um mich haben, denen ich vertrauen kann.«

Trotz Börsenzittern, EU-Wirtschaftspolitik und Zukunftsbangen, im ›Gutsgasthof Mohren‹ in Limpach gehen die Uhren ihren althergebrachten Gang. Am Abend prasseln im offenen Kamin die Buchenholzscheite, davor wird geredet und manchmal heiß diskutiert. Wenn man Glück hat, kommt Grand Seigneur Alois Waizenegger hinzu. Dabei kann es spät werden …

KONTAKT /// NATURHOTEL MOHREN /// JÜRGEN WAIZENEGGER ///
KIRCHGASSE 1 /// D-88693 DEGGENHAUSERTAL-LIMPACH ///
WWW.NATURHOTEL-MOHREN.DE ///

EHRBARE UND RECHTSCHAFFENE HANDWERKER

Die in diesem Buch porträtierten Wirte gehören alle der losen Vereinigung der Linzgau-Köche und somit dem Verbund der Südland-Köche an. Die Südland-Köche sind eine private Vereinigung, die sich dem Erhalt der Kulturlandschaft ihrer jeweiligen Region verschrieben hat.

Zweck der Köche-Vereinigung ist die Förderung des kulturellen Brauchtums und Handwerks in regionalen Küchen sowie die Förderung der Gastlichkeit in der heimischen Gastronomie. Südland-Köche setzen sich für die Erzeugung von Lebensmitteln in den Regionen nach Kriterien einer umweltschonenden Landwirtschaft ein, die sich am Prinzip der Nachhaltigkeit orientiert, um die natürlichen Lebensgrundlagen (Boden, Wasser, Luft) und die Artenvielfalt (Tiere und Pflanzen) dauerhaft zu erhalten. Die Südland-Köche sind ehrbare und rechtschaffene Handwerker ihrer Zunft aus den südlichen Regionen Deutschlands – vom Breisgau und dem Markgräflerland, dem Ortenaukreis, Hochrhein und Südschwarzwald, von Schwarzwald und Baar sowie Hegau, Linzgau, Bodensee und Oberschwaben, dem Oberallgäu – und dem angrenzenden Kleinwalsertal, Vorarlberg, Rheintal sowie der Ostschweiz und dem Thurgau.

Alle Mitglieder bekennen sich zu den Geboten der Südland-Köche und bieten ihren Gästen ausschließlich hochwertige Speisen, sie verzichten auf den Einsatz von Geschmacksverstärkern, künstlichen Aromen bzw. Glutamaten.

Die oberste Prämisse der Südland-Köche ist, ihren Gästen eine auf Genuss- und Lebensfreude ausgerichtete Atmosphäre zu bieten und frische und qualitativ hochwertige Gerichte, die an Jahreszeiten und Regionen angelehnt sind, in authentischer Art und Weise zu servieren.

Das Ziel der Vereinigung ist die Stärkung des Verbraucherbewusstseins. Die Südland-Köche verstehen sich zu Beratung und Schutz der Verbraucher, Geschmackserziehung von Kindern, Schülern und Erwachsenen auf der Grundlage öffentlicher Bildungsarbeit.

Die Südland-Köche werben für ihre Ziele mithilfe verschiedener Publikationen und Aktionen, durch regionale Informations-Magazine, in denen über ausgewählte Restaurants und ihre Küchenmeister berichtet wird, durch gemeinsam durchgeführte Aktionen sowie durch regionale und überregionale Informations- bzw. Feinschmeckerabende.

Die Südland-Köche werden ausgewählt und betreut von der Fachagentur ›Die Redaktion‹, Überlingen, www.dieredaktion.net